BENOIT XIV

BULLES

" IMMENSA PASTORUM "

ET

" EX QUO SINGULARI "

contre la Compagnie de Jésus

pour l'Affranchissement des Indiens du Paraguay

et la Condamnation des Rites chinois.

*Texte latin et traduction française
publiés avec une introduction et des notes*

PAR

I. DE RÉCALDE

PARIS

LIBRAIRIE MODERNE

2, RUE DE L'ÉCHAUDÉ-SAINT-GERMAIN, 2

1925

BENEDICTVS XIV.

BULLES

" IMMENSA PASTORUM "

ET

"EX QUO SINGULARI"

BENOIT XIV

BULLES

"IMMENSA PASTORUM"

ET

"EX QUO SINGULARI"

contre la Compagnie de Jésus

pour l'Affranchissement des Indiens du Paraguay

et la Condamnation des Rites chinois.

Texte latin et traduction française
publiés avec une introduction et des notes

PAR

I. DE RÉCALDE

PARIS

LIBRAIRIE MODERNE

2, RUE DE L'ÉCHAUDÉ-SAINT-GERMAIN, 2

1925

INTRODUCTION

« *Etiam Societatis Jesu* »

Un grand ami des Jésuites, — d'après deux ou trois de leurs plus insignes apologistes, comme M. Albert de Badts de Cugnac et le P. Joseph Brucker, — fut le Pape Benoît XIV : et c'est vrai, au moins en ce sens que ce « politique » a toujours évité de rompre catégoriquement avec aucune puissance. Même lorsqu'il est le plus résolu à en finir avec d'intolérables rébellions et à faire rentrer dans le rang, sous l'authentique monarchie pontificale, cette espèce de féodalité décadente, il sait garder d'adroits ménagements de forme et de langage, prodiguer les vagues assurances de sympathie, accorder en manière de compensation d'inoffensives faveurs dont triomphent les apologistes. Mais ceux-ci n'en doivent pas moins reconnaître deux points :

1º D'abord, si Benoît XIV fut si fort leur ami, il faut reconnaître qu'il n'a donc cédé qu'à la vérité et à la justice, en fulminant contre la Compagnie des condamnations aussi fréquentes que sévères. Nul Pape n'a tant écrit contre les Jésuites. Brefs, décrets, constitutions se succèdent sans interruption, durant son règne, visant l'éternelle indiscipline de la Société. C'est elle que s'efforce de réprimer déjà un édit de 1740 concernant la vente dans les Etats romains de certaines drogues, et en particulier de la thériaque, dont les Jésuites faisaient un grand commerce, — auquel ils renoncèrent d'ailleurs si peu que le Pape dut renouveler en 1756, sans plus de succès, sa défense. Dès la seconde année du Pontificat, deux décrets condamnent un certain nombre de maximes relâchées, et nul ne se méprit sur le sens de cette nouvelle réprobation du laxisme. Nous donnons plus loin le texte de la Bulle *Immensa pastorum*, dirigée contre les horribles traitements infligés aux Indiens par les Jésuites du Paraguay, et celui de la Bulle *Ex quo singulari*, écrasante pour les superstitions chinoises. En 1744, la Bulle *Omnium sollicitudinum* achève l'exécution, en étendant aux rites malabares le jugement définitif de l'Eglise. En 1745, deux autres Constitutions frappent à nouveau diverses pratiques laxistes autorisées par les casuistes de la Compagnie. Et nous ne parlons pas des nombreux brefs qui s'efforcèrent en vain de refréner l'audace toujours renaissante des libellistes et théologiens jésuites. Qu'aurait donc fait de plus Benoît XIV, s'il n'avait pas aimé la Compagnie ? Et si l'on récuse le jugement de Clément XIV, sous prétexte que ce dernier Pontife était gagné aux ennemis des Jésuites, qu'objecter aux sentences de son prédécesseur, qui, malgré ses complaisances pour la Société de Jésus, a dû rédiger contre elles les attendus les plus sévères ?

2° Clément XIV, insistent ces audacieux apologistes, était vendu aux Cours et ne leur a cédé que pour remplir les conditions d'une élection simoniaque. C'est beaucoup dire. Mais admettons qu'en 1773, la décision de la Papauté ait été fortement sollicitée. En 1742, ce n'était pas Joseph Ier qui régnait, ni Pombal qui gouvernait au Portugal ; c'était le trop bon Jean V, grand ami des Jésuites et leur avocat près la Chaire de Saint Pierre. Malgré ces royaux plaidoyers, un Pontife ami est obligé de se prononcer contre les Jésuites, et l'un des derniers actes de son règne, un mois avant sa mort, sera le fameux Bref ordonnant formellement la visite et la « réforme » des Jésuites portugais par le cardinal de Saldanha. Qu'en faut-il conclure, sinon que le succès de l'indéfendable cause des Jésuites ne dépendait déjà plus alors ni de la faveur des Princes, ni de celle des Papes ? L'heure de la « justice immanente » avait sonné.

_

Cependant, au cours de ces deux Bulles choisies parmi tant d'autres documents pour être reproduites ici, le lecteur remarquera sans doute le retour insistant de la formule concernant les religieux de tout « Ordre, Congrégation, Institut ou Société, *même de la Société de Jésus* ». C'est une clause de style. Quelques polémistes malheureusement s'y sont mépris, et ils ont voulu voir dans cette incise l'indication formelle que les pièces invoquées visaient premièrement ou exclusivement la Compagnie de Jésus. Ainsi, en invoquant une preuve fausse, ont-ils quelquefois compromis une thèse juste. Les Jésuites ne pouvaient manquer de mettre à profit cette bévue, et ils ont tenté de ruiner par là toute la valeur de documents si explicites.

Le P. Pfülf, S. J., par exemple, dans les *Stimmen aus Maria Laach* (1891, n° 11, pp. 102-114), donne une pointilleuse recension de l'*Histoire de l'Eglise* de Funk ; et, à propos notamment de la Bulle *Immensa Pastorum*, il part des ménagements gardés par le Pape pour prétendre qu'en somme la Compagnie ne saurait être visée plus qu'une autre Congrégation par des documents d'ordre aussi général. Même la clause : *etiam Societatis Jesu*, inspirée des règles canoniques et des protocoles de Curie, n'a pour lui, dans cette Constitution, à l'encontre de ce qu'avait insinué le professeur Funk, d'autre signification ni d'autre importance que la mention plus inattendue encore des Ordres mendiants et non mendiants, des Ordres militaires, voire des Frères hospitaliers de Saint Jérôme de Jérusalem.

Le professeur Funk a répondu dans la *Revue théologique de Tubingue* (année 1891, pp. 602-643). Il n'a pas eu de peine à se jouer de la manière ingénue dont les *Stimmen aus Maria Laach* ont toujours conçu l'histoire de leur Compagnie.

Il suffisait d'ailleurs, au sujet de la Bulle *Immensa Pastorum*, de rappeler les circonstances qui présidèrent à sa rédaction.

Car il ne s'agit pas ici des anciennes querelles « jansénistes », soulevées sur les à-côtés de l'affaire par une nuée de pamphlets en toutes langues, où se rencontre pêle-mêle le meilleur et le pire. Toute l'adresse des apologistes de la Compagnie consiste, en y dénonçant l'hérésie cachée, à y récuser l'articulation des faits les plus avérés. Mais nous avons ici un autre garant et un autre juge des événements, un autre arbitre de l'application légitime qu'on leur peut faire des règles de la loi morale. C'est un Pape, parlant comme souverain interprète de la morale et de la foi et s'adressant comme tel à la seule hiérarchie catholique légitime d'un pays où les Jésuites se sont établis en maîtres, — de sorte qu'à eux seuls peuvent s'appliquer les énergiques peintures de tant d'abominables excès que stigmatise Benoît XIV, dès la seconde année de son Pontificat.

Les Jésuites s'étaient emparés du Paraguay et en avaient fait, non seulement matériellement et économiquement, mais politiquement, une de leurs colonies. Ils en tiraient chaque année de gros revenus, et ils avaient réussi à créer, par surcroît, autour de cette exploitation éhontée de populations sans défense, une des légendes les plus profitables et les plus tenaces qui aient servi en Europe à leurs propagandes. Le Paraguay, aux yeux des contemporains, passa longtemps pour une sorte de Paradis terrestre, où les Indiens, sous la direction des bons Pères, coulaient dans l'innocence et le bonheur des jours ensoleillés. Il semble même que ce mythe, accru et enjolivé pendant près d'un siècle par les *Lettres édifiantes*, n'ait pas été étranger à l'éclosion de la « sensibilité » chère à la philosophie du XVIIIe siècle, préparant l'idolâtrie de la « nature » et de la « vertu », innée chez l'homme sauvage, — gâté, selon Rousseau, par la civilisation et la société. L'exotisme de Bernardin de Saint-Pierre et les Indiens de Chateaubriand descendent en droite ligne de cette littérature. La vogue enfin des premiers rêveurs communistes se rattache à ce mirage, savamment entretenu par les Jésuites, d'une Salente du Nouveau Monde, où tout était commun, les travaux, les joies, les biens, sous leur patriarcale magistrature.

Nul n'ignore, il est vrai, comment s'est terminée cette hypocrite comédie, et ceux mêmes qui croient encore à cette fausse églogue ne peuvent disconvenir que l'aventure a fini, comme toutes les histoires où a trempé la Compagnie, — mission de Pékin, Paraguay, Sonderbund, — par une tragédie sanglante. Ces pauvres Indiens, longtemps courbés sous le joug, furent poussés à l'abattoir. Il n'est rien resté de l'Eden de fantaisie, où s'étaient complu tant d'imaginations pieuses, qu'un atroce souvenir : car, par une suite renouvelée d'exceptions qui devraient suffire à éclairer tous les hommes de foi, seuls ces « martyres » de peuples, massacrés par la faute de la Compagnie, n'ont jamais été nulle part semailles de chrétientés.

Mais combien de catholiques, même instruits, se doutent au surplus que ces Jésuites missionnaires, chefs et pères d'un royaume de Légende dorée, en réalité se sont couverts au Paraguay du manteau de l'Evangile pour réduire leurs convertis au plus cruel esclavage ? Cependant la Bulle *Immensa Pastorum* ne laisse, comme on verra, subsister aucun doute sur l'avarice et l'inhumanité de ces avides conquérants qui ne sont plus, loin des yeux de Rome et du contrôle des administrations royales, que des trafiquants sans entrailles, tyrannisant les indigènes de leurs opulents comptoirs avec une dureté inconnue des pires boucaniers. Non contents de s'enrichir ici comme ailleurs du commerce du caoutchouc, du chocolat, du café, du sucre — formidable trafic de denrées coloniales qui, pour commencer, attira l'attention de Pombal sur les scandaleux dessous financiers de la Compagnie des Indes, — les Jésuites, au Paraguay, abusèrent du bétail humain que le baptême leur livrait, pour la culture de leurs plantations et pour les transports, à un point que n'ont connu ni les négriers de profession ni de nos jours les coloniaux les plus détraqués par le climat, l'opium et les liqueurs fortes. Seul leur Lavalette, à la Martinique, a traité ses troupeaux de noirs avec une pareille brutalité d'esclavagiste, — tout en prétendant contraindre les victimes à convenir que tant de sévices assuraient à la fois leur félicité ici-bas et leur bonheur éternel.

Inutile d'ajouter qu'enfin Benoît XIV, sur ce point comme sur les autres, a parlé *en vain*, au témoignage de l'histoire et de Clément XIV. En vain pour les Jésuites, qui continuèrent de plus belle leurs exploits malgré les protestations et les efforts du haut clergé séculier ; en vain pour le monde catholique et la postérité, auxquels les Jésuites devaient réussir assez vite à dissimuler qu'il était question d'eux et de leur idyllique Paraguay dans cette terrible Bulle, — et même qu'il y eût nulle part, dans tout le Bullaire, une pièce où il fût question d'eux autrement que pour la forme. L'*Immensa Pastorum* est aujourd'hui oubliée ou méconnue des historiens ecclésiastiques, fussent-ils adversaires déclarés de la Compagnie de Jésus, presque autant que le Bref *Dominus ac Redemptor*

***

Par bonheur, sur cette Constitution aussi bien que sur l'*Ex quo singulari*, différents travaux sont venus, depuis les années 90, confirmer singulièrement les vues du professeur Funk.

Dans la *Theologische Quartalschrift*, un excellent article intitulé *Papst Benedict XIV und seine Bullen bezüglich der chinesischen und malabarischen Gebraüche* (P. A. Kirsch, 3ᵉ trimestre 1901), verse par exemple au débat plusieurs documents inédits de tout premier ordre, qui, tirés des Archives secrètes du Vatican, diriment de la main même du Pape toute controverse, au sujet de la portée exacte, des intentions évidentes et de la prudente réserve de la rédaction deux fois adoptée par Benoît XIV.

Il n'est pas jusqu'à la clause : *etiam Societatis Jesu*, qui, grâce à ces pièces, n'échappe désormais à toute discussion.

C'est ainsi que le 24 décembre 1740, Benoît XIV adresse au roi de Portugal une lettre autographe, concernant principalement la nomination du P. Polycarpe de Souza au siège épiscopal de Pékin. On y verra, pour commencer, que le Pape était admirablement renseigné et savait très exactement à quoi s'en tenir sur ceux qui, en Chine, représentaient l'opposition à la Bulle *Ex illa die* :

Au Roi de Portugal, Benoît, etc... — Notre très cher Fils dans le Christ. C'est bien volontiers et avec le plus grand plaisir que par cette lettre écrite de notre main, nous faisons part à Votre Majesté que nous avons, dans le dernier Consistoire, tenu lundi passé, pourvu à la plus grande partie des Eglises depuis si longtemps vacantes dans vos Etats, et que nous sommes disposé à d'autres nominations pour les autres diocèses, lors du prochain Consistoire, lequel se tiendra après les fêtes de Noël, — que nous souhaitons pour vous très heureuses et pleines de toutes les prospérités spirituelles et temporelles.

Il y a, pour nous, deux raisons sur quoi fonder notre commune allégresse. L'une est d'avoir procuré finalement des pasteurs aux diocèses, point si important, qu'à Saint Pierre, et en sa personne à tous ses successeurs, — dont nous sommes, bien que sans mérite de notre part, — a été enjoint d'y pourvoir par ces paroles célèbres, à lui adressées par Jésus-Christ: Pais mes brebis. L'autre est d'avoir pu accomplir ce pas de la manière et sous la forme que désirait Votre Majesté, à qui nous désirions et serons toujours désireux de donner toute satisfaction, en raison de l'estime très particulière que nous faisons de sa personne et de l'affection paternelle que nous lui portons très tendrement.

Parmi les Eglises auxquelles nous avions à pourvoir, Votre Majesté n'ignore pas qu'il y avait celle de Pékin réservée au P. Polycarpe Sosa, de la Compagnie de Jésus, que vous avez présenté pour ce siège. A cette nomination, nous pouvons vous le dire en toute ingénuité, étaient contraires une bonne partie des Cardinaux de la Congrégation du Saint-Office et de la Congrégation de la Propagande. Non pas que personne ait jamais soulevé la moindre difficulté au sujet de ses mœurs ou de son aptitude; ni que personne ait prétendu faire une règle absolue de l'exclusion de l'épiscopat pour tous les Pères de la Compagnie de Jésus, ou se soit trouvé en désaccord avec nous sur le point de complaire à Votre Majesté. Mais d'autres motifs assez différents ont été invoqués: les voici.

Certains bons Pères, particulièrement parmi les membres portugais de cette Compagnie, *que nous estimons et aimons véritablement, — comme peuvent en rendre bon témoignage ses Supérieurs généraux, qui ont affaire ou qui ont eu longtemps affaire à nous au cours des 40 années que nous avons passées à Rome en différentes charges, —* se font un point d'honneur et un devoir de ne pas obéir aux Décrets apostoliques, à la Bulle par laquelle Clément XI de sainte mémoire a aboli les Rites chinois, embrouillant à plaisir la question, grâce à diverses interprétations peu consistantes, sous le spécieux prétexte de faciliter la conversion des Infidèles.

Cependant, il suffit de jeter un coup d'œil sur la lettre écrite par leur fondateur Saint Ignace aux religieux qu'il comptait dans le royaume de Portugal, pour y reconnaître facilement quelle obligation sans réserve ils ont contractée d'obéir avec promptitude aux Décrets et Bulles pontificales. Dans l'acte même d'assumer cette mission, ils ont prêté serment de suivre toutes les prescriptions dont il s'agit. C'est au Saint-Siège, et à lui seul, qu'il appartient exclusivement de résoudre les doutes soulevés à ce propos et d'interpréter ces règles. Il ne saurait enfin y avoir de facilité pour la conversion des Infidèles autre que celle qui dépend des décrets, canons et bulles du Pontife romain, juge infaillible des articles de foi.

Or, qui dirait à Votre Majesté que le P. Polycarpe n'a pas été, et n'est pas de tous le plus obéissant, ne s'écarterait certainement pas beaucoup de la vérité, et c'est pourquoi si quelqu'un s'est rencontré qui ne fût pas entièrement porté à le voir évêque de Pékin, celui-là n'avait pas tout à fait tort. D'autant plus qu'existent des Décrets de Clément XI de sainte mémoire, intimés à la Congrégation de la Propagande, défendant d'admettre aucune présentation de Pères de la Compagnie de Jésus pour les Eglises de Pékin et de Nankin, notre saint prédécesseur s'étant bien aperçu qu'au lieu de promouvoir l'observation de ses Décrets et de sa Bulle, selon la teneur du serment qu'ils avaient prêté, ces Pères se faisaient les chicaneurs de la loi et les opposants à sa mise à exécution.

Par égard très spécial pour la présentation faite par Votre Majesté du Père jésuite Polycarpe pour le siège de Pékin, après longue et mûre considération, nous avons donc accepté sa candidature, échappant à tout remords de conscience grâce à la confiance que nous avons mise en votre puissante assistance. Votre Majesté doit être placée sans doute au nombre des rois vraiment catholiques, vraiment pieux, vraiment attachés à l'honneur de Dieu et au Saint-Siège Apostolique, et c'est pourquoi, autant que nous savons et pouvons, nous vous prions de faire en sorte que le P. Polycarpe, aussi bien que les autres Pères jésuites portugais ou dépendant de vous à quelque titre que ce soit, et qui, n'importe comment, désobéissent aux Décrets apostoliques et à la Constitution de Clément XI, fassent enfin leur soumission. C'est une obligation que leur impose et l'obéissance due au Saint Siège et le serment prêté par eux comme nous l'avons dit, au moment où ils ont accepté la charge de

*la mission. Et qu'ils soient prêts à faire de même vis-à-vis
des Décrets, Constitutions et Bulles qui, dans quelque temps,
pourront être promulgués par nous ou par nos successeurs.*

*La sainte religion, les dogmes de la foi, la discipline
ecclésiastique tirent leur source et leur cours du Saint-
Siège ; mais les Princes catholiques sont le bras qui en
assure l'exécution et contraint le siècle à l'obéissance.
Que Votre Majesté réfléchisse, de grâce, à tant de grands
exemples, qui abondent dans l'histoire ecclésiastique, à
tant de modèles en particulier que vous trouverez parmi
les gestes des rois, vos très glorieux ancêtres, qui toujours se sont fait gloire d'appuyer de leur autorité les
décisions pontificales. Vous reconnaîtrez facilement
que votre demande est juste et que l'aide que nous
implorons n'est ni nouvelle ni étrange...*

*Pour ne pas nous rendre coupable devant la majesté
de Dieu, sur le conseil et avec la pleine approbation
des Cardinaux par nous consultés, nous avons écrit
au P. Polycarpe un bref où, en vertu de la sainte
obéissance à nous promise et due, nous lui ordonnons
de prêter serment avant sa consécration, afin de s'obliger à nouveau à l'exacte observance des décrets et des
bulles déjà fulminées ainsi que de celles qui pourraient
être promulguées à l'avenir par nous et nos successeurs.
Et telle est la confiance que nous avons en Votre Majesté,
que c'est à elle que nous adressons ce bref, afin que vous
nous fassiez la grâce de le faire sûrement parvenir à
destination et exécuter.*

Rome, près Sainte-Marie-Majeure, le 24 déc. 1740 (1).

Le roi de Portugal répondit le 4 février 1741. Il
assure le Pape de l'appui qu'il est décidé à prêter à
l'exécution des décrets pontificaux, et, dans sa
lettre de remerciement, Benoît XIV revient avec
une insistance, qui désormais ne laisse place à
aucune équivoque, sur son précédent exposé de la
Querelle des Rites.

Ce sont bien les Jésuites qui l'ont suscitée et qui
l'entretiennent.

----

(1) *Archives secrètes du Vatican.* Arm. IV. Princ. n° 270
(registr.).

A notre très cher fils dans le Christ, Jean, illustre roi du Portugal et des Algarves, *Benoît XIV, etc...*

Bien que la lettre de Votre Majesté, en date du 4 février de la courante année, soit déjà une réponse à celle que nous vous avons écrite le 24 decembre de l'an passé, nous ne pouvons nous retenir d'importuner Votre Majesté par cette réplique, qui n'a d'autre fin que de vous rendre grâces tout particulièrement pour la singulière bonté que vous manifestez à notre égard et pour la puissante protection accordée aux décisions apostoliques prises par nos prédécesseurs ainsi qu'à celles qu'après avoir bien saisi et examiné la question et invoqué de tout cœur l'Esprit Saint, nous aurons à prendre nous-même pour régler comme il faut la propagation de notre sainte religion catholique dans le vaste empire de Chine. Que Dieu nous en soit témoin, nous n'avons aucun parti pris. Nous aimons les Pères Dominicains, mais nous avons condamné la conduite de certains d'entre eux qui, en France et en Flandre, demeurent réfractaires aux Constitutions pontificales contre Jansénius et Quesnel. Et combien est grande notre affection pour les Pères de la Compagnie de Jésus, nous ne demandons de l'attester à personne autre qu'à ceux d'entre eux — nombreux il est vrai — qui sont au courant de tout ce que nous avons fait en faveur de la Compagnie tandis que, 40 ans durant, nous étions dans les principales charges de la Curie, au service successivement de trois Souverains Pontifes, ou que, en qualité d'archevêque, l'espace de dix ans, nous gouvernions l'église de Bologne, notre patrie. Mais d'avoir, chaque jour, de nouvelles preuves que certains d'entre eux s'écartent de l'obéissance due aux Constitutions de Clément XI sur les rites chinois et de Clément XII sur les rites malabares; d'en voir d'autres, et qui ne manquent pas parmi eux, convaincus de cette vérité, courber le dos et pleurer sur la conduite de leurs confrères, c'est une chose qui passe l'imagination et qui nous induit au soupçon que c'est de là que provient le peu heureux succès de ces missions. On n'y fait pas de chrétiens, ou bien l'on y fait des chrétiens d'une sorte qui n'est pas la bonne, car elle ne répond pas du tout à la façon dont les Saints Apôtres convertirent le monde, eux qui prêchèrent la parole divine pure et simple, et non sous le cou-

vert d'intentions occultes et de restrictions **mentales.**

Pour réduire certains des Dominicains susdits, nous avons eu recours et recourons continuellement à Sa Majesté le Roi Très Chrétien et aux autres princes séculiers. Pour que soit planté droit l'étendard de la foi et que triomphe la croix du Christ en Chine et dans le Maduré, nous avons recouru et recourons à Votre Majesté. Mais nous n'avons jamais imploré et n'implorerons jamais sa souveraine assistance que pour protéger et favoriser les Pères de la Compagnie de Jésus, quand ils obéissent aux Décrets apostoliques, ou pour nous prêter son aide et l'appui de son bras contre ceux qui nous désobéissent ouvertement ou ne nous obéissent qu'en apparence...
Castel-Gandolfo, 15 juin 1741 (1).

Il ressort assez clairement de ces deux lettres dans quel esprit fut composée la Bulle *Ex quo singulari* et contre qui elle était dirigée.

Quant à la clause en discussion, en voici un commentaire authentique qui s'applique aussi bien à la Bulle *Immensa pastorum*, car la lettre suivante de Benoît XIV au roi de Portugal est du 11 août 1742.

On y verra que le roi avait à nouveau plaidé la cause des bons Pères et ressassé les éternels arguments cent fois déjà soumis à l'examen de Rome, avant d'être repris de nos jours par le P. Brucker et consorts. Mais la décision du Pape est inébranlable. Il « aime » les Jésuites ; il les ménage autant qu'il peut ; mais il y a des limites qu'il ne saurait à la fin leur laisser dépasser.

Il ne sera pas sans intérêt, en relisant l'*Immensa* et ses tragiques réprobations, de se souvenir que, d'après son propre témoignage, le Pape, tout en visant les Jésuites, s'est abstenu de les désigner, a évité les « expressions les plus fortes » et s'est efforcé de dissimuler sous l'amas des clauses de style la mention qu'il devait faire nécessairement des Jésuites pour les atteindre, tout en se gardant

---

(1) *Archives secrètes du Vatican*, Arm. IV. Princ., n° 270

de donner corps à leur opposition systématique,
encore redoutable. Quel relief prennent, sous ce jour
cru, tant de détails sanglants !

*Votre Majesté daignera se rappeler que, il y a quel-
que temps, nous l'avisâmes des fameuses permissions
octroyées par feu Mgr Mezzabarba, vous annonçant
en outre en confidence que nous étions décidé à les
condamner, et faisant appel à votre autorité pour que
la décision apostolique sortît son effet dans la mission
de Chine. Votre Majesté a daigné agréer la commu-
nication et n'a pas laissé de nous écrire une lettre où
sont exposées et l'activité brisée des Pères de la Compagnie de Jésus, et la différence qu'il y a entre Eglise
naissante et Eglise adulte, et finalement la nécessité
de maintenir le fait d'une légation apostolique, telle que
l'avait établie le premier Sa Sainteté le Pape Clément XI.*

*Nous prenons Dieu à témoin de la nouvelle et infati-
gable attention que nous avons portée à cette affaire,
après avoir lu votre lettre, des nouvelles consultations
prises, des nouvelles prières dites par nous et pour
nous, afin que Dieu nous inspirât ce que nous avions
à faire ; mais finalement nous sommes demeurés
convaincu, d'après notre manière de voir, que la Constitution de Clément XI était sacrée, que les permissions
du Patriarche aboutissaient ou à l'énerver ou à la
détruire, que ce même Patriarche a excédé les limites de
ses pouvoirs ou bien que ses décisions ont été arbitraire-
ment étendues et présentées sous un aspect différent du
véritable pour prendre celui que désiraient ceux qui
par la suite prétendirent réduire à néant la Constitution de Clément XI. Mû du reste uniquement, Dieu
nous en soit témoin, par le zèle de la pureté de la foi, et
poussé par un sentiment intime qui, nous représentant
l'heure de notre mort, nous la ferait voir pleine d'hor-
reur si nous laissions sans décision sur notre table une
question si grave dont l'examen avait été entrepris par
notre prédécesseur, nous avons résolu de publier une
nouvelle Constitution pour confirmer celle de Clément XI et réprouver les permissions du Patriarche
Mezzabarba. Cette Bulle a été remise au Comman-
deur Sampajo pour qu'il la transmît à Votre Majesté.
On s'y est gardé de faire faire figure d'opposants aux
Pères de la Compagnie de Jésus, mais on y parle en*

général de Missionnaires, et des susdits Pères il est fait uniquement mention pour la dérogation aux privilèges, car en vertu de ceux-ci, si les jésuites ne sont pas nommés dans un acte pontifical, ils n'y sont pas compris. On y évite les expressions les plus fortes qu'on aurait pu employer en tant d'occasions. *On n'y prononce pas, même en cas de désobéissance, la suspension de toute prise d'habit pour les novices comme cela a été pratiqué d'autres fois, mais on y ordonne uniquement de rappeler de la Mission ceux qui refuseraient d'obéir aux ordres du Vicaire de Jésus-Christ. Tempéraments dont nous avons usé bien volontiers, en raison et de l'affection que nous portons à la Compagnie et du grand honneur qu'elle a de jouir de votre protection.*

Nous finirons cette lettre déjà si longue par un dernier recours à Votre Majesté, la priant, le plus fort et du mieux possible, pour que la Constitution soit mise à exécution dans l'empire de Chine et chez nos missionnaires. Nous savons que vous pouvez le faire. Nous espérons que vous le ferez. Et, le faisant, sur votre digne personne et sur vos très heureux royaumes pleuvront les grâces célestes.

Donné à Rome, près Sainte-Marie-Majeure, le 11 août 1742 (1).

* * *

Si ces lettres catégoriques au roi de Portugal avaient besoin de confirmation, on en trouverait d'autre part le pendant dans les billets que le Pape avait coutume d'adresser chaque semaine au Cardinal de Tencin, alors secrétaire d'Etat de Louis XV. Nous avons eu l'occasion de parler ailleurs, à propos de Bellarmin, du caractère intime et de la portée politique de cette correspondance, précieuse pour l'histoire.

La lettre qui suit fait allusion au dispositif de la Bulle *Ex quo singulari* (août 1742) :

A cette heure, vous avez reçu la nouvelle de la décision de l'affaire de Chine. Devant Dieu, il était impossible

----

(1) *Archives secrètes du Vatican.* Misc. Bolognetti, n° **304**, fol. 3 ff.

de tarder davantage, et nous n'avons pas voulu atten-
dre notre dernière heure pour avoir à penser que nous
n'avions pas fait pour le véritable culte divin et l'exclu-
sion de toute pratique superstitieuse tout ce que nous
devions. En cas de désobéissance, n'a pas été décrétée la
suspension de toute prise d'habit, comme avait fait
Innocent XIII, homme sage et discret, mais on a décidé
de punir, ou plutôt on a déchargé de leur fardeau les
récalcitrants: ils ne feront plus partie de la mission.
Dieu sait si les tertiaires seront contents! Ce qui ne veut
pas dire les vrais profès: car ceux-ci se lamentent dès
que tout ne se fait pas à leur guise (1).

Confidence calculée, comme tout ce qui sort de
la plume de Benoît XIV. Car on se demandera
peut-être où sont ces « tertiaires » de la Compagnie,
plus sages que les profès ? A Rome, en Chine ou en
France ? Tout s'éclaire ici comme pour la cause de
Bellarmin, si l'on sait que le cardinal de Tencin
avait d'abord appartenu à la Compagnie par les liens
d'un tiers ordre mal connu. Or, le Pape Benoît XIV,
sans recevoir de démenti, revient à plusieurs reprises
dans la présente correspondance, par.ant à la personne
même de ce tertiaire de marque, et avec un luxe de
détails circonstanciés, sur cette affiliation mystérieuse.

Certains tertiaires de la Compagnie, remarque-t-il
dans un billet cité par Kirsch, ont plus de jugement
que les profès. Peu leur importent à eux Confucius ou
les permissions de Mgr Mezzabarba. Mais les autres
luttent pour Confucius comme s'il était un fonda-
teur de leur Compagnie, et pour les permissions de
Mgr Mezzabarba comme s'il s'agissait de la science
moyenne ou de la grâce ab extrinseco...
C'est entre les mains du feu P. Tamburini, général
de la Compagnie de Jésus, insiste-t-il un peu plus loin
dans la même lettre, qu'il y a bien des années, vous
fîtes profession comme tertiaire, ou, si ce n'est entre ses
mains, du moins entre celles du Provincial, comme son
procureur et son mandataire, car d'aussi illustres ter-

---

(1) *Archives secrètes du Vatican*, Misc. Arm. XV, 154.

*tiaires ne peuvent être reçus qu'en faisant profession
soit directement entre les mains du Général, soit entre
les mains du Provincial de expresso Patris generalis
mandato.*

On touche de la main, ironise-t-il par ailleurs, *que la
Compagnie n'a pas à Rome que son Général allemand,
mais qu'il faut y ajouter le général français des Tertiaires.*

Quoi qu'il en soit, après que le cardinal eut accusé
réception le 18 septembre de la Bulle *Ex quo singulari*, on entend le Pape Benoît XIV, tout en
mu.tipliant les précautions oratoires, dégager remar-
quablement le point de la querelle (6 octobre 1742).

Il se peut, en effet, d'après lui, que les Jésuites, sentant la partie définitivement perdue s'ils s'obstinent,
consentent à feindre, cette fois, une tardive soumission. Mais ils ne se résignent pas encore à se
rendre sans conditions. Il aurait fallu du moins que
le Pape tût leurs longues résistances et par conséquent l'humiliation qui résulte pour eux de leur
défaite. Ainsi auraient-ils pu reprendre en dessous
leur travail de termites, prétendre un jour prochain
n'avoir jamais été condamnés et recommencer de
plus belle à promouvoir impunément leurs pratiques
superstitieuses, maintenir surtout l'insolente légende
de leur infaillibilité, — rempart et garant de celle du
Souverain Pontife, selon le mot fameux de l'*Imago
primi saeculi*. En les frappant nommément, même
par la voie détournée d'une clause de style,
Benoît XIV les a démasqués, et la question des
Jésuites est désormais posée. Seul le bref *Dominus
ac Redemptor* la résoudra. Car nul ne saurait se
méprendre, malgré les fleurs de rhétorique, sur la
portée d'un pareil discours s'adressant directement
de la part du Pape à un adepte aussi haut placé.

*Pour en venir à notre Constitution sur les Rites
chinois, nous avons cru devoir la promulguer cette fois,
parce que nous en étions pressé et le serons toujours*

*par le premier article du Décalogue contraire à ces supers-
titions. On y a dit ce qu'il fallait dire contre ceux qui,
à force de tergiversations, ont toujours refusé d'obéir. Et
si les Pères Jésuites de France n'ont pas cette tache,
ce n'est pas d'eux qu'on y parle. Bien plus, s'il n'y a
plus en Chine un seul Père de la Compagnie qui se soit
montré naguère ou qui demeure indocile, soit, les
Jésuites de Chine sont hors de cause. Mais la question
n'est pas là. Elle se réduit à ceci qu'on a peu obéi par
le passé et que peut-être on a aujourd'hui encore peu de
disposition à obéir. Cependant, avec insolence, on
aurait voulu qu'il n'en fût pas parlé, ou même que
personne n'eût la pensée d'en parler, et ceci, en vérité,
est trop. C'est un « trop » qui déplaît à Dieu ainsi
qu'aux hommes qui doivent, autant que possible, chercher la gloire de Dieu. Si les Jésuites sont en France
nos soldats, nous n'avons jamais cessé ni ne cesserons
de les en louer. Au cours des différents ministères que
nous avons exercés à Rome, aussi bien qu'au temps
où nous étions archevêque de Bologne ou durant notre
pontificat, nous n'avons négligé aucune occasion
d'être favorable soit à ces religieux en particulier soit
à l'Ordre en général, et nous continuerons à l'avenir,
si Dieu nous en procure les moyens : car, quant au passé,
tous les Pères d'Italie nous en sont témoins. Mais on ne
saurait tirer de ces prémisses la conséquence que si
quelque bataillon d'un Corps aussi nombreux et aussi
respectable s'écarte de la bonne voie ou se débande, on
n'aura pas à recourir au fouet.*

*
* *

L'auteur de l'article de la *Theologische Quartalschrift* aurait pu citer d'ailleurs, à l'appui de ces
documents inédits, d'autres lettres encore, non
moins catégoriques, mais déjà connues.

Le P. Pfülf, S. J., lui-même, avant de s'en prendre
au professeur Funk, devait en avoir lu quelques-
unes qui ruinaient d'avance sa ridicule défense.
Car c'est bien des Jésuites qu'il est question d'abord
et surtout, au cours de toute la querelle des Rites.
Ainsi, dans les *Lettere di Benedetto XIV al canonico*

Pier Francesco Peggi bolognese, publiées par
F. X. Kraus, en 1888, chez Mohr à Fribourg, on
peut lire, page 20 :

> *Puisque notre chanoine Peggi n'a pu se procurer
> autrement notre dernière Constitution, il ne lui sera pas
> désagréable d'en trouver ci-joint un exemplaire à son
> adresse. La Bulle a été bien accueillie ici, ayant mis
> fin à l'un des plus gros embarras qu'ait éprouvés le
> Saint-Siège durant quarante ans et davantage, et cela
> en toute convenance et charité.*
>
> *Les Pères de la Compagnie montrent au moins
> extérieurement qu'ils ne sont pas mécontents; mais
> quand bien même ils le seraient intérieurement, ils
> auraient tous les torts,* car ils ne sauraient prétendre
> que les Papes, pour ne pas leur déplaire, réduisissent
> la Chaire de vérité à n'être plus qu'une Chaire de
> dissimulation sur les questions les plus impor-
> tantes.
>
> *Conservez-moi votre bonne amitié. Je termine en
> vous donnant la bénédiction apostolique.*
>
> Rome, 17 octobre 1744.

Que ces paroles aient trait à la Bulle *Ex quo singulari* ou aux rites malabares, la conclusion résultait
pour Benoît XIV des travaux et des méditations
de toute sa vie.

Un fragment de biographie, publié en appendice
au même volume, rappelle en effet (page 243 et suiv.)
comment Prosper Lambertini fut nommé dès 1713
consulteur du Saint-Office par Clément XI, et tout
de suite fut chargé de rédiger une série de rapports
sur les rites malabares, puis de suivre la grave
affaire de la légation du cardinal de Tournon. Ni une
intrigue des Jésuites de Rome, ni une révolte des
Jésuites de Chine, ni la tentative d'empoisonnement
du légat ne lui ont échappé par conséquent dans ces
hautes fonctions. Il a connu, partagé l'émotion qui
s'empara du Pontife et de toute la Curie à la nouvelle
des attentats réitérés de la Compagnie, qui semblaient un défi à la conscience humaine comme à

la majesté pontificale, ébranlant l'ordre chrétien et bravant les jugements de Dieu :

Emu par les réclamations (des réfractaires), *écrit le chroniqueur chez qui nous retrouvons l'écho de l'opinion contemporaine*, Clément XI fait venir Lambertini et lui donne à entendre que tout est remis en question. Il lui ordonne de faire en sorte que l'affaire puisse être à nouveau traitée le plus tôt possible par la Congrégation de l'Inquisition. *Car le temps était venu, disait-il, où il ne s'agissait plus pour lui de pourvoir aux commodités ou à l'embellissement des Etats romains, comme il avait fait souvent jusque là, mais des droits de la Papauté elle-même et du salut de la foi.* Lambertini se chargea de l'affaire et écrivit d'assez longs mémoires à ce sujet.

L'auteur croit aussi que, sans faire injure à Benoît XIII, les décrets publiés sous ce Pontife, concernant les rites malabares, doivent être attribués à Lambertini.

C'est d'abondance et en toute connaissance de cause que Benoît XIV pouvait donc écrire sur ces matières à ses différents correspondants. Son autorité, même comme érudit, ou comme simple officier de l'Eglise romaine, dépasse de beaucoup celle des Jésuites qui, aujourd'hui encore, cherchent à revenir sur son irrévocable sentence comme Pontife, en introduisant dans la cause une étrange distinction entre la vérité historique et la situation doctrinale ou disciplinaire créée par ses Constitutions 1).

En tout cas, après lecture de la Bulle *Immensa*

-----

(1) La campagne a recommencé non seulement au point de vue théorique, mais sur le terrain pratique. Nous pouvons témoigner, en effet, que la revision de la Bulle *Ex quo singulari* et la réhabilitation du riccisme ont été déjà remises en question, entre certains partis de gouvernement, en Chine, et certaines missions, particulièrement au sujet de la création d'une nonciature à Pékin. (Voir *Histoire jésuite, histoire vraie*, p. 110 *et suiv.*)

On trouvera un écho de ces persistantes rebellions contre

et de la Bulle *Ex quo*, nul doute que le choix ne-s’impose à la créance du lecteur entre ces documents pontificaux et la légende intéressée de la Compagnie, entre les résultats de la longue et minutieuse enquête du Saint-Siège et les prétendus dossier de Tamburini, entre la vraie Rome et le Gesù.

Et les apologistes, comme Brucker, peuvent croire que leurs mensonges en imposeront toujours là-dessus à la postérité ; c’est la vérité qui finira par triompher de toutes les réticences, de toutes les manœuvres, de tous les outrages que lui prodiguent séculairement les écrivains à gage de tout ordre, de toute robe et de toute dénomination, — *etiam Societatis Jesu* : ce qui, presque toujours, veut dire, sous la plume des Papes :

— *Surtout* de la Compagnie de Jésus !

---

le Saint-Siège jusque dans la *Croix*, — toujours prête, comme on sait, à appuyer les plus équivoques manœuvres.

M. Michel Ribaud, dans ses *Notes sur le Japon*, le 4 juillet 1923, p. 4, écrit sans sourciller :

J’ai eu l’occasion, tout dernièrement, de m’entretenir sur ce sujet avec une éminente personnalité du clergé enseignant. Après m’avoir demandé si je croyais à une nouvelle persécution au Japon, à quoi je répondis que je ne pensais pas du tout qu’en ce pays, l’opposition au christianisme aille jusqu’à cette extrémité, il me parla longuement des difficultés actuelles qu’y rencontrait le catholicisme au point de vue des rites ; il ne faudrait pas, au XXe siècle, retomber dans le rigorisme du XVIIe, rigorisme qui a retardé si longtemps la conversion de la Chine.

Ce qu’il faudrait au Japon, me dit-il, c’est une grande liberté religieuse avec la faculté, pour les catholiques, pasteurs et fidèles, d’expliquer clairement le sens qu’ils attribuent aux cérémonies païennes. Ce serait une prise de possession de l’opinion publique qui aiderait beaucoup à l’aplanissement des difficultés religieuses. Mais depuis le commencement du XVIIIe siècle, il est interdit aux missionnaires, en Extrême-Orient, de s’occuper de la question des rites. Rome supprimera-t-elle sa défense ?

Bulle *Immensa Pastorum*

par laquelle il est pourvu à la liberté et à la sauvegarde des Indiens habitant les provinces du Paraguay, du Brésil et sur les rives du fleuve de la Plata (1).

A nos Vénérables Frères les Evêques du Brésil et des autres Provinces soumises à Notre Très Cher Fils en Jésus-Christ, Jean, roi du Portugal et des Algarves. dans les Indes Occidentales et en Amérique

BENOIT XIV, PAPE

Vénérables Frères, salut et bénédiction apostolique.

La charité du Pontife embrasse tous les hommes sur toute la surface de la terre. Il

---

Indorum

in provinciis Paraquariae, Brasiliae et ad flumen de la Plata existentium libertati et indemnitati consulitur.

Venerabilibus Fratibus, Antistitibus Brasiliae, aliarumque ditionum Carissimo in Christo Filio Nostro Joanni Portugalliae et Algarbiorum Regi in Indiis occidentalibus et America subjectarum.

BENEDICTUS PAPA XIV

Venerabiles Fratres, salutem et apostolicam benedictionem.

Pontificis caritas omnes homines ubique terrarum degentes amplectitur. — Episcoporum ope-

---

fait appel à la **collaboration des évêques**. —
L'immense charité de Jésus-Christ prince des Pasteurs, qui vint sur la terre pour que les hommes
reçussent plus abondamment la vie et qui se livra
lui-même pour le rachat d'un grand nombre, nous
rappelle un pressant devoir. Puisque, sans l'avoir
mérité, nous tenons sa place sur la terre, de même
ne devrions-nous, comme lui, n'avoir rien de plus à
cœur que de donner avec empressement notre vie,
non seulement pour les chrétiens, mais pour tous les
hommes. Toutefois, la suprême administration de
l'Eglise catholique ayant été imposée à notre infir-
mité, nous sommes contraint de résider ici, à Rome,
et d'y régir, selon l'usage et l'institution de nos
pères, le Siège apostolique, vers lequel on afflue
tous les jours et de toutes les nations pour en solli-
citer la solution opportune et salutaire des affaires
ou des maux qui surgissent dans la République

---

ram in subsidium advocat— Immensa Pastorum
Principis Jesu Christi, qui, ut homines vitam abun-
dantius haberent, venit, et se ipsum tradidit redemp-
tionem pro multis, caritas urget nos, ut, quemadmodum ipsius vices plane immerentes gerimus in
terris, ita majorem caritatem non habeamus, quam
ut animam nostram non solum pro Christifidelibus,
sed pro omnibus etiam omnino hominibus ponere
satagamus. Etsi autem, pro suprema Catholicae
Ecclesiae procuratione infirmitati nostrae injuncta,
Apostolicam hanc Sanctam Sedem, ad quam, undique
gentium in dies concurritur, ut opportunum ac salutare
emergentibus in Christiana Republica sive negotiis
sive detrimentis remedium afferatur, hic, Romae,
more institutoque Majorum, tenere ac regere cogimur ;
nec longinquas dissitasque regiones, ut qualemcumque
inibi apostolici ministerii nostri pro lucrandis anima-

---

différents. D'où, entre le français et le latin, quelques va-
riantes qui elles-mêmes ne seront pas toutes sans intérêt pour
les lecteurs compétents. Cette remarque vaut surtout pour la
Bulle *Ex quo singulari*.

chrétienne ; et nous ne saurions visiter ces contrées lointaines et écartées où nous voudrions déployer d'une façon ou de l'autre l'activité de notre ministère apostolique pour le salut des âmes rachetées du sang de Jésus-Christ et sacrifier, comme nous le désirerions, notre vie elle-même. Du moins ne permettrons-nous pas que fasse défaut tout gage de la prévoyance apostolique, de son autorité et de sa bienveillance à n'importe quelle nation qui soit sous le ciel : et de même, Vénérables Frères, vous que le Saint-Siège s'est adjoint comme collaborateurs pour cultiver la vigne du Seigneur, nous vous appelons volontiers à partager la sollicitude apostolique et notre vigilance. Ainsi parviendrez-vous à remplir d'une façon toujours plus satisfaisante la charge qui vous a été imposée et à remporter plus facilement la couronne réservée dans les cieux à ceux qui mènent le bon combat.

Zèle du Saint-Siège pour la conversion des Indiens. — 1. Or, vous savez, Vénérables Frères, quels travaux, que de difficultés, combien de

---

bus pretioso Jesu Christi sanguine redemptis operam impendamus, ac vitam ipsam, quemadmodum cupimus, profundamus, adire non possumus : tamen sicut nolumus omnes apostolicae providentiae auctoritatis benignitatisque partes ab omni natione, quae sub coelo est, desiderari : ita Vos, Venerabiles Fratres, quos ad excolendam Vineam Dei Sabaoth Cooperatores eadem Apostolica Sedes sibi adscivit, in pontificiae sollicitudinis vigilantiaeque nostrae partem libenter advocamus ; ut et imposito Vobis muneri magis magisque satisfacere et coronam legitime certantibus in Coelo repositam facilius consequi valeatis.

Apostolicae Sedis studium pro infidelium conversione. — 1. Porro Fraternitatibus Vestris compertum est, quae et quanta Romani Pontifices Praede-

dépenses ont supportés les Pontifes romains, nos prédécesseurs, et les Princes catholiques qui ont si bien mérité de la religion chrétienne, pour que les hommes qui marchaient encore dans les ténèbres et gisaient à l'ombre de la mort, pussent, par l'entremise des ouvriers évangéliques, grâce aux prédications, aux bons exemples, aux dons, aux soins, aux bienfaits, aux secours de toutes sortes, voir briller la lumière de la foi orthodoxe et arriver à la connaissance de la vérité ; vous savez aussi de quelles faveurs, de quels avantages, de quels privilèges, de quelles prérogatives, suivant qu'on a toujours fait, ces infidèles ont été comblés, pour que, gagnés par ces avances, ils embrassassent la religion catholique, y persévérassent et par les bonnes œuvres de la piété chrétienne assurassent leur salut éternel.

Cruauté de certains catholiques à l'égard des Indiens infidèles et même des convertis. — 2. C'est pourquoi, nous ne l'avons pas appris sans une très vive douleur pour notre cœur paternel, après

---

cessores nostri et Catholici Principes de Christiana Religione benemerentissimi, laborum incommoda ac pecuniarum dispendia alacri constantique animo passi fuerint, ut hominibus, qui ambulabant in tenebris et in umbra mortis sedebant, per sacros operarios, tum sacris praedicationibus bonisque exemplis, tum donis, tum opibus, tum subsidiis, tum auxiliis, lumen orthodoxae fidei illusceret et ad agnitionem veritatis venirent ; et quibus etiam nunc muneribus, quibus beneficiis, quibus privilegiis, quibus praerogativis, quemadmodum semper factum est, infideles cumulentur, ut iis illecti, catholicam Religionem amplectantur, in eaque manentes, per bona christianae pietatis opera aeternam salutem adipiscantur.

Nonnullorum asperitas in Indos tum infideles, tum etiam Christianos. — 2. Ea propter non sine gravissimo paterni animi nostri moerore accepimus, post tot inita ab iisdem praedecessoribus nostris

. tant de projets formés avec une prévoyance apostolique par les Souverains Pontifes nos prédécesseurs, après tant de Constitutions édictées par . eux et prescrivant, sous les peines et les censures ecclésiastiques les plus graves, de prêter de la meilleure façon possible à ces infidèles aide, secours et protection, au lieu de leur apporter mille dommages, des coups, des chaînes, la servitude et la mort : on rencontre encore, surtout dans certaines régions du Brésil, des hommes élevés dans la foi orthodoxe, profondément oublieux, semble-t-il, des sentiments de charité que le Saint-Esprit a versés dans nos cœurs, à l'égard des malheureux Indiens, non seulement privés de la lumière de la foi, mais lavés même de l'eau sacrée de la régénération, qui habitent les plus sauvages provinces dans les montagnes et les déserts du Brésil oriental et occidental ou des pays voisins. Ils n'hésitent pas en effet à priver ceux-ci de leurs biens et à les traiter avec une telle inhumanité qu'ils les détournent absolument d'embrasser la foi du Christ et les portent plutôt à la prendre en · haine.

Romanis Pontificibus Apostolicae providentiae consilia, post editas constitutiones, opem, subsidium ac praesidium infidelibus omni meliori modo praestandum esse, non injurias, non flagella, non vincula, non servitutem, non necem inferendam esse, sub gravissimis poenis et ecclesiasticis · censuris praescribentes, adhuc reperiri, praesertim in istis Brasiliae regionibus, homines orthodoxae fidei cultores, qui veluti caritatis in cordibus nostris per Spiritum Sanctum diffusae sensuum penitus obliti, miseros Indos non solum fidei luce carentes, verum etiam sacro regenerationis lavacro ablutos, in montanis asperrimisque earumdem Brasiliae, tam occidentalium, quam meridionalium aliarumque regionum desertis inhabitantes, aut in servitutem redigere, aut veluti mancipia aliis vendere, aut eos bonis privare, eaque inhumanitate cum iisdem agere praesumant, ut ab am-

Le Sérénissime Roi de Portugal a pieusement réprouvé ces excès. — 3. Pressé de remédier à ces maux autant que nous le pouvions avec l'aide de Dieu, nous avons pris soin d'abord d'exciter à ce sujet l'éminente piété de notre très cher fils en Jésus-Christ, Jean, l'illustre roi du Portugal et des Algarves, et son incroyable zèle pour la propagation de la foi catholique. Par filiale déférence envers nous et envers le Saint-Siège, le roi nous a aussitôt assuré qu'il donnerait des ordres à tous ses représentants et fonctionnaires dans ces provinces, pour que, s'il se trouvait quelqu'un de ses sujets qui se conduisît à l'égard des Indiens autrement que l'exige la douceur de la charité chrétienne, ils le frappassent des peines les plus sévères d'après les édits royaux.

Le Pontife exhorte les évêques à refréner eux aussi cette barbarie. — 4. Nous supplions à leur tour Vos Fraternités et nous vous exhortons

---

plectenda Christi fide potissimum avertantur et eam odio habendam maximopere obfirmentur.

Ea improbantur a pietate Serenissimi Lusitaniae regis. — 3. Hisce malis quantum cum Domino possumus, occurere satagentes, primum quidem eximiam pietatem et in catholica religione propaganda incredibilem charissimi in Christo Filii nostri Johannis Portugalliae et Algarbiorum regis illustris zelum excitandum curavimus ; qui pro filiali sua erga Nos atque hanc Sanctam Sedem observantia, statim se omnibus et singulis suarum ditionum officialibus et ministris in mandatis daturum pollicitus est, ut quemcumque suorum subditorum aliter quam christianae caritatis mansuetudo exigit, erga Indos hujusmodi sese gerere comperissent, gravissimis juxta regia edicta poenis afficerent.

Pontifex hortatur episcopos ut ipsi quoque eam refrenare curent. — 4. Deinde Fraternitates Vestras rogamus atque in Domino hortamur ut nedum

dans le Seigneur de ne pas souffrir que soit jamais trouvée en défaut la vigilance que vous impose en cette affaire votre ministère, ni votre sollicitude, ni votre activité, au détriment de votre réputation et de votre dignité. Que bien plutôt, joignant vos efforts à ceux des fonctionnaires royaux, vous montriez à tous combien des prêtres, pasteurs d'âmes, dépassent par l'ardeur plus fervente de leur charité sacerdotale les magistrats laïques dans cette aide à apporter aux Indiens pour les amener à la foi catholique.

Il confirme les Consti tutions de ses prédécesseurs. — Il ordonne de publier les édits en faveur des Indiens. — Il fait défense à quiconque de les réduire en esclavage, de les vendre, de les dépouiller, etc. — Que les contrevenants soient frappés d'excommunication et de censures. — 5. Au surplus, de notre autorité apostolique, par la teneur des présentes, nous renouvelons et confirmons la lettre apostolique en forme

---

debitam ministrii vestri vigilantiam, sollicitudinem operamque vestram hac in re, cum nominis dignitatisque vestrae detrimento, deesse non patiamini ; quin immo, studia vestra regiorum ministrorum officiis conjungentes, unicuique probetis, sacerdotes animarum pastores quanto prae laicis ministris, ad Indis hujusmodi opem ferendam eosque ad catholicam fidem inducendos, ardentiori sacerdotalis caritatis aestu ferveant.

Confirmat praedecessorum constitutiones. — Mandat publicari edicta in favorem Indorum. — Inhibendo quibuslibet ne eos in servitutem redigant, vendant, spolient, etc. — Contravenientes anathemate et censuris puniant. — 5. Praeterea Nos, auctoritate apostolica, tenore praesentium, apostolicas in simili forma Brevis litteras a fel. rec. Paulo papa III, praedecessore nostro, ad tunc existentem Johannem, Sanctae Romanae Ecclesiae Cardi-

de bref que notre prédécesseur d'heureuse mémoire, le Pape Paul III, écrivit au cardinal de la Sainte Eglise Romaine, Jean de Tavera, alors archevêque de Tolède, le 28 mai 1537, et celle que notre prédécesseur le Pape Urbain VIII, de récente mémoire, adressa au Collecteur général des droits et dépouilles de la Chambre apostolique pour le royaume du Portugal et des Algarves, le 12 avril 1639. De plus, suivant en cela les traces de ces mêmes Pontifes et voulant réprimer l'audace impie de ces hommes qui détournent par leurs actes inhumains les Indiens de la foi chrétienne, à laquelle il conviendrait de les porter au contraire par tous les bons offices de la charité et de la mansuétude, nous commettons, à chacun d'entre vous, Vénérables Frères, et à vos successeurs, et nous vous donnons ordre: — Que chacun de vous, par soi-même, ou par un ou plusieurs mandataires, après avoir fait transcrire, publier et afficher les édits concernant les Indiens résidant

---

nalem de Tavera nuncupatum, archiepiscopum toletanum, die 28 mensis maji, anno MDXXXVII datas, et a rec. mem. Urbano papa VIII, itidem praedecessore nostro, tunc existenti jurium et spoliorum Camerae apostolicae in Portugalliae et Algabiorum regnis debitorum Collectori generali, die 22 mensis aprilis anno MDCXXXIX scriptas renovamus et confirmamus ; necnon eorumdem Pauli et Urbani praedecessorum vestigiis inhaerendo ac impiorum hominum ausus, qui Indos praedictos, quos omnibus christianae caritatis et mansuetudinis officiis ad suscipiendam Christi fidem inducere oportet, inhumanitatis actibus ab illa deterrent, reprimere volentes, unicuique Fraternitatum vestrarum vestrisque pro tempore successoribus committimus et mandamus, ut unusquisque vestrum, vel per se ipsum, vel per alium, seu alios, editis atque in publicum propositis affixisque edictis, omnibus Indis, tam in Paraquariae et Brasiliae provinciis, ac ad flumen *de la Plata* nuncupatum, quam in quibusvis aliis regionibus et locis in Indiis occi-

tant au Paraguay que dans les provinces du Brésil
ou sur les rives du fleuve de La Plata et dans les
autres régions ou pays des Indes occidentales et
méridionales, leur prête l'aide d'une assistance
efficace. Qu'à tous et à chacun de vos ressortissants,
tant séculier qu'ecclésiastique, de quelque état,
sexe, état, condition et dignité qu'il soit, même
digne d'une mention spéciale, ou appartenant à
n'importe quel Ordre, Congrégation, Société, même
à la Société de Jésus, à n'importe quelle Religion
ou Institut, mendiant ou non mendiant, aux moines
ou réguliers, même des Ordres militaires, ou aux
Frères soldats de l'Hôpital de Saint-Jérôme de
Jérusalem, — sous peine pour les contrevenants
d'excommunication *latae sententiae* à encourir *ipso
facto*, dont on ne pourra être absous que par nous
ou par le Souverain Pontife alors régnant, sauf à
l'article de la mort et après satisfaction, — il soit
très strictement interdit de réduire désormais ces
Indiens en esclavage, de les vendre, d'en acheter, de
les échanger, de les donner, de les séparer de leurs

---

dentalibus et meridionalibus existentibus, in praemissis efficacis defensionis praesidio assistentes, universis et singulis personis, tam saecularibus, etiam
ecclesiasticis cujuscumque status, sexus, gradus, conditionis et dignitatis, etiam speciali nota et mentione
dignis existentibus, quam cujusvis Ordinis, Congregationis, Societatis, etiam Jesu, Religionis, et Instituti
Mendicantium et non Mendicantium, ac Monachalis,
Regularibus, etiam quarumcumque Militiarum, etiam
Hospitalis Sanchi Joannis Hierosolymitani Fratribus
Militibus, sub excommunicationis latae sententiae per
Contravenientes eo ipso incurrenda poena, a qua, nonnisi
a nobis vel pro tempore existente Romano Pontifice,
praeterquam in mortis articulo constituti et satisfac-
tione praevia, absolvi possint, districtius inhibeant ;
ne de caetero praedictos Indos in servitutem redigere,
vendere, emere, commutare, vel donare, ab uxoribus et
filiis suis separare, rebus et bonis suis spoliare, ad
alia loca deducere et transmittere. aut quoquo modo

femmes et de leurs enfants, de les dépouiller de leurs biens meubles et immeubles, de les enlever ou transporter, de les priver n'importe comment de leur liberté et de les retenir en servitude. Qu'à tous ceux qui oseront prêter aux coupables conseil, aide, faveur ou concours, sous n'importe quel prétexte ou couleur que ce soit, ou qui se permettront de prêcher que la chose est licite, ou de l'enseigner, ou de coopérer de n'importe quelle autre façon à ces méfaits ; qu'à tous contradicteurs, rebelles ou désobéissants en ces matières à l'un d'entre vous, il soit déclaré qu'ils ont encouru la peine de l'excommunication ; qu'on les réprime en leur appliquant les autres censures et peines ecclésiastiques, ainsi que les autres remèdes opportuns de droit et de fait, sans appel recevable ; qu'on procède enfin à leur égard selon les formes régulières, aggravant à plusieurs reprises les censures et les peines déjà portées, et invoquant au besoin le secours du bras séculier. Nous vous accordons et concédons làdessus, à vous et à vos successeurs, ample, pleine et libre faculté.

---

libertate privare, in servitute retinere ; nec non praedicta agentibus consilium, auxilium, favorem et operam quocumque pretextu et quaesito colore praestare, aut in licitum praedicare seu docere, ac alias quomodolibet praemissis cooperari audeant seu praesumant ; contradictores quoslibet et rebelles, ac unicuique vestrum in praemissis non parentes, in poenam excommunicationis hujusmodi incidisse declarando, ac per alias etiam censuras et poenas ecclesiasticas aliaque opportuna juris et facti remedia, appellatione postposita, compescendo, legitimisque super his habendis servatis processibus, censuras et poenas ipsas etiam iteratis vicibus aggravando, invocato etiam ad hoc, si opus fuerit, auxilio brachii saecularis. Nos enim unicuique vestrum vestrorumque pro tempore successorum desuper plenam, amplam, et liberam facultatem tribuimus et impertimur.

Clauses dérogatoires. — 6. Nonobstant les décrets spéciaux du Pape Boniface VIII, notre prédécesseur, et ceux du Concile général, les autres actes pontificaux, les constitutions, dispositions et canons généraux ou provinciaux, ou même les arrêtés municipaux, édictés par les Conciles œcuméniques ou les Synodes régionaux, ou concernant les lieux pies ou non pies, et en général tous statuts ou coutumes quelconques, même confirmés par serment, par l'autorité apostolique ou tout autre ayant droit ; enfin, malgré les privilèges, les indults ou Lettres apostoliques accordées, confirmées ou innovées de n'importe quelle façon en sens contraire : pour toutes et chacune de ces choses, même pour celles dont une mention particulière et expresse devrait être faite sous une forme spécifique et mot pour mot, non par des clauses générales et équivalentes, nous voulons que la teneur des présentes soit considérée comme suffisante, tout autant que si tout y

---

Contrariis derogat. — 6. Non obstantibus similis memoriae Bonifacii Papae VIII etiam Praedecessoris nostri de una ac Concilii generalis de duabus diaetis, ac aliis apostolicis, et in Conciliis universalibus provincialibusque et Synodalibus editis generalibus, vel specialibus Constitutionibus et Ordinationibus, legibus quoque etiam municipalibus, ac quorumcumque locorum piorum et non piorum, et generaliter quibusvis, etiam juramento, confirmatione apostolica vel quavis firmitate alia roboratis, statutis et consuetudinibus ; privilegiis quoque, indultis et litteris apostolicis in contrarium praemissorum quomodolibet concessis, confirmatis et innovatis. Quibus omnibus et singulis, etiamsi de illis eorumque totis tenoribus specialis, specifica, expressa et individua, ac de verbo ad verbum, non autem per clausulas generales idem importantes, mentio seu quaevis alia expressio habenda, aut aliqua alia exquisita forma ad hoc servanda foret, tenores hujusmodi, ac si de verbo ad verbum, nihil penitus omisso et forma in illis tradita observata

avait été exprimé et inséré à la stricte rigueur du droit, et qu'elle garde sa force, par une dérogation formelle et pour cette fois seulement, nonobstant toutes choses contraires.

On doit ajouter foi aux copies. — 7. Nous voulons également qu'on ajoute foi aux copies de la présente lettre, même imprimées, revêtues de la signature d'un notaire public et du sceau de quelque personne constituée en dignité ecclésiastique, en jugement et hors jugement, aussi bien qu'au présent exemplaire s'il était exhibé ou montré.

Exhortation finale aux Evêques. — 8. Au reste, Vénérables Frères, veillez sur le troupeau qui vous a été confié, remplissez votre ministère, efforcez-vous d'accomplir votre devoir avec toute la diligence, l'application et la charité à laquelle vous êtes obligés : rappelez-vous en effet souvent que vous rendrez compte à votre tour de vos brebis à l'éternel Juge, Jésus-Christ, prince des Pasteurs,

---

exprimerentur et insererentur, praesentibus pro plene et sufficienter expressis et insertis habentes, illis alias in suo robore permansuris, ad praemissorum effectum, hac vice dumtaxat, specialiter et expresse derogamus, caeterisque contrariis quibuscumque.

Transumptis fidem tribuit. — 7. Volumus autem ut earumdem praesentium litterarum transumptis seu exemplis, etiam impressis, manu alicujus notarii publici subscriptis et sigillo personae in ecclesiastica dignitate constitutae munitis, eadem prorsus fides in judicio et extra adhibeatur, quae ipsis praesentibus adhiberetur, si forent exhibitae vel ostensae.

Episcopos obtestatur pro praesentium executione. — 8. Caeterum, Venerabiles Fratres, custodientes Vos vigilias super grege unicuique vestrum credito, ministerium vestrum satagite, atque enitamini ea qua obstricti estis diligentia, sedulitate et caritate adimplere,

et que celui-ci exigera que ce compte lui soit rendu très exactement. Aussi espérons-nous que chacun d'entre vous mettra tout en œuvre et fera tous ses efforts pour ne pas être trouvé en défaut dans l'exercice d'une œuvre aussi haute de charité. C'est pourquoi, en vue de cet heureux succès, nous vous accordons, Vénérables Frères, la bénédiction apostolique, gage des grâces célestes les plus abondantes.

Donné à Rome, près Sainte-Marie-Majeure, sous l'anneau du Pêcheur, le 20 décembre 1741, seconde année de notre pontifical.

D. Cardinal Passionei.

---

assidue in animis vestris recolentes rationem quam et Vos Pastorum Principi Jesu Christo aeterno Judici, de ovibus suis redituri eritis, et quam ille accuratissime a Vobis exacturus erit. Ita enim fore confidimus ut unusquisque Vestrum omnem operam atque conatum adhibeat, ne debitum in hoc tam eximiae caritatis opere officium desideretur. Interea ad prosperi eventus successum apostolicam benedictionem, cum uberrima caelestium charismatum copia conjunctam, Vobis, Venerabiles Fratres, peramanter impertimur.

Dat. die 20 dec. 1741. — Datum Romae apud S. Mariam Majorem, sub annulo Piscatoris, die XX decembris MDCCXLI, Pontificatus Nostri anno secundo.

D. Card. Passioneus.

Constitution *Ex quo singulari*

BENOIT XIV, PAPE

Pour en conserver éternellement la mémoire.

Depuis que, par une disposition particulière de la Providence, les contrées des Indes Orientales et Occidentales ont été connues à l'Europe, le Saint-Siège apostolique qui, depuis le berceau de la vérité évangélique, a mis le plus grand zèle à répandre partout sa lumière et à la préserver de toute ombre d'erreur, a aussi eu grand soin, dans ces derniers

---

De ritibus seu ceremoniis sinensibus.
Confirmatur Constitutio Clementis undecimi, incip. Ex illa die. Permissiones quaedam publicatae a bon. mcm. Carolo Ambrosio Mediobarbo, patriarcha alexandrino, reprobantur et annullantur. Praescribitur nova forma juramenti a missionariis praestandi.

BENEDICTUS PAPA XIV

Ad perpetuam rei memoriam.

Exordium. — **Fidei propagatio ab apost. Sede promota in Sinarum imperio.** — Ex quo singulari Dei providentia factum est ut orientalium et occidentalium Indiarum regiones Europae innotescerent, Apostolica Sancta Sedes, quae ab ipsis Ecclesiae incunabulis Evangelicae veritatis lumen ubique diffundere et illud ab omni erroris umbra servare maximo studio curavit, in his quoque novissimis temporibus evangelicos operarios in antedictas regiones sedulo

temps, d'envoyer des ouvriers évangéliques dans ces pays nouvellement découverts, afin que, déracinant l'idolâtrie qui y régnait en souveraine, ils y répandissent à propos la semence de la Foi chrétienne et qu'ils convertissent ces champs incultes et hérissés de ronces en vignes fertiles et florissantes, qui donneraient des fruits très abondants de vie éternelle. Or, parmi ces régions que le Saint-Siège a eues principalement en vue, est certainement le vaste Empire de la Chine ; cet Empire où il est incontestable que la Foi chrétienne a fait d'immenses progrès, et où elle en aurait fait de bien plus grands encore, si elle n'eût été entravée dans sa course par les divisions survenues parmi les ouvriers que le Saint-Siège y avait envoyés.

Origine de la question des rites. — 1. Ce qui donna lieu à ces dissensions furent certains rites et cérémonies en usage parmi les Chinois pour honorer le philosophe Confucius ainsi que leurs ancêtres : quelques-uns des missionnaires prétendant que ces rites et cérémonies étaient purements civils, voulaient qu'on les permît à ceux qui, abandonnant le

---

misit, ut idololatria ibi late dominante funditus eradicata, christianae fidei semen opportune spargerent, atque horrentes illos et incultos campos in fertiles florentesque vineas, uberrimos aeternae vitae fructus daturas, commutarent. Ex regionibus autem illis, quas Sancta Sedes prae caeteris ante oculos habuit, fuit profecto amplissimum Sinarum Imperium, in quo quidem negari non potest quin Christiana fides progressus ingentes fecerit, longe etiam majores factura, nisi coorta inter operarios a Sancta Sede illuc missos dissidia cursum intercidisset.

Dissidia inter missionarios circa ceremonias Sinensium et praecipue circa cultum erga defunctos. — 1. Occasionem dissidiis ejusmodi dederunt ceremoniae quaedam, et ritus, quibus Sinenses ad Confucium philosophum et majores suos

culte des idoles, embrassaient la Religion chrétienne ; d'autres missionnaires, au contraire, affir-
maient qu'on ne pouvait en aucune façon, sans faire
un grave tort à la Religion, tolérer ces mêmes rites
et cérémonies, comme sentant la superstition. Cette
controverse occupa, pendant plusieurs années, les
soins et la sollicitude du Siège apostolique, toujours
extrêmement attentif à empêcher que l'ivraie ne
prenne racine dans le champ du Seigneur, ou à
l'arracher au plus tôt, si cela avait déjà eu lieu.

**La Sacrée Congrégation de la Propagande
les condamne (1645).** — 2. C'est pourquoi cette
cause fut d'abord déférée au Saint-Siège par ceux
qui croyaient ces cérémonies et rites chinois entachés
de superstition. Quelques doutes sur cette matière
furent proposés à la Congrégation de la Propagande,
laquelle, en 1645, approuva les réponses et les
décisions des théologiens qui jugèrent qu'en effet

---

honoribus prosequendos uti consueverunt : cum non-
nulli ex missionariis contenderent eas esse ceremonias
et ritus mere civiles, adeoque concedendos iis qui
relicto idolorum cultu Christianam Religionem am-
plectebantur ; contra vero alii eos utpote superstitionem
olentes sine gravi religionis injuria permitti nullo
modo posse assererent. Quae sane controversia multis
annis Apostolicae Sedis curam et sollicitudinem ad se
traxit ; cum id maxime caveat ne zizania in agro
dominico radices agant, aut, si forte egerint, eae quam
cito fieri potest evellantur.

**Prima decisio Congr. de Propag. fide sub
Innoc. X.** — 2. Primo itaque ad Sanctae Sedis tri-
bunal causam hanc detulerunt ii qui ceremonias illas
et ritus sinicos superstitione imbutos suspicabantur.
Super illis dubia nonnulla proposita fuerunt Congregationi de Propaganda Fide, quae anno 1645 comprobavit responsa ac decisiones Theologorum qui
ceremonias et ritus eosdem superstitione revera

ces cérémonies et rites étaient entachés de superstition. En conséquence, le Pape Innocent X, à la prière de la dite Congrégation, ordonna à tous les missionnaires, sous peine d'excommunication à encourir sans une nouvelle sentence, réservée à lui et au Saint-Siège, d'observer exactement les réponses et décisions susdites et de les mettre en pratique, tant que lui et le Saint-Siège n'en déciderait pas autrement.

La Sacrée Congrégation de l'Inquisition en tolère certains (1656). — 3. Mais peu de temps après, d'autres ouvriers de cette même Mission proposèrent à la même Congrégation de la Propagande d'autres doutes d'après lesquels ces mêmes rites et cérémonies ne semblaient renfermer aucune superstition. C'est pourquoi le Pape Alexandre VII commit cette affaire à la Sacrée Congrégation de l'Inquisition : celle-ci, suivant l'exposé varié, différent du premier, qui lui fut fait sur ces mêmes cérémonies,

---

infectos judicarunt. Proinde innocentius Papa X ad praefatae Congregationis preces, omnibus et singulis missionariis, sub poena excommunicationis latae sententiae sibi ac Sanctae Sedi reservatae, mandavit ut responsa et decisiones praedictas omnino observarent, easque ad praxim deducerent, donec sibi et Apostolicae Sedi aliter visum non esset.

Altera Congreg. Inquisition. sub Alexan. VII. — 3. Verum paulo post ab aliis ejusdem missionis operariis alia dubia de iisdem ritibus et ceremoniis ipsimet Congregationi de Propaganda Fide fuerunt exhibita, ex quibus ceremoniae ipsae ritusque nullam in se superstitionem habere videbantur. Negotium itaque hujusmodi ab Alexandro Papa VII Sacrae Inquisitionis Congregationi commissum fuit : quae, prout varia diversaque ratione fuerat sibi de eisdem ceremoniis expositum, alias quidem, tamquam mere civiles et politicas, esse permittendas, alias vero

jugea qu'on pouvait en permettre certaines comme
purement civiles et politiques, et qu'on ne pouvait
en aucune manière tolérer les autres ; le même Pape
Alexandre approuva et confirma cette décision en
l'année 1656.

Les deux décisions sont maintenues (1669). —
4. Mais voilà que cette controverse fut pour la
troisième fois déférée au Saint-Siège. Plusieurs
doutes ayant été soumis à la Sacrée Congrégation
de l'Inquisition, on lui fit aussi la question suivante :
Si le précepte du Pape Innocent X, par lequel il pres-
crivait, sous peine d'excommunication à encourir sans
nouvelle sentence, l'observation des réponses et décisions
émanées de la Congrégation de la Propagande en 1645,
comme il a été dit plus haut, était encore en vigueur ;
de plus : *Si, en attendant la résolution des doutes*
nouvellement proposés, il fallait continuer à observer
dans la pratique les premières décisions, surtout vu
qu'à cette observation paraissait opposé le décret de la
Sacrée Congrégation de l'Inquisition, émané en 1656,
sur quelques questions proposées d'une manière et

---

minime tolerari posse judicavit. Idemque Alexander
Pontifex anno 1656 hanc sententiam probavit et
confirmavit.

Alia resolutio ejusdem Congr. sub Clem. IX. —
4. Sed ecce tertio ad Sanctam Sedem haec eadem
controversia. Cum plura dubia Sacrae Inquisitionis
Congregationi proposita fuissent, illud quoque ab
ea quaesitum fuit utrum adhuc vigeret Innocentii
Papae X praeceptum, quo sub poena excommunicationis latae sententiae mandabat observantiam
responsionum et decisionum quae a Congregatione
de Propaganda anno 1645, ut supra dictum est, ema-
naverant. Praeterea, an, stantibus recens expositis
dubiis, earum praxis retinenda foret : cum praesertim obstare videretur decretum Sacrae Inquisitionis,
quod ab ea emanavit anno 1656 super quaesitis

avec des circonstances différentes par les ouvriers apostoliques résidant dans l'Empire de la Chine. La Sacrée Congrégation de l'Inquisition répondit à ces questions en 1669 que : Le décret susdit de la Propagande était encore en vigueur, eu égard à la nature des choses qui furent exposées dans les doutes proposés ; qu'il n'avait pas été limité par le décret émané de la Sacrée Inquisition en 1656 ; de plus, qu'il fallait l'observer exactement suivant les questions, les circonstances et toutes les autres choses contenues dans les doutes soumis. Elle déclara également : Qu'il fallait observer le décret susdit de l'an 1656, de la même manière, suivant les questions posées, les circonstances et autres choses exprimées. Le Pape Clément XI approuva ce décret.

Nouveaux troubles engendrés par cette triple déclaration. — 5. Tous les décrets précités ayant été faits et promulgués suivant des exposés différents des choses, la controverse des rites chinois,

---

nonnullis, diversa ratione aliisque circumstantiis propositis ab operariis apostolicis in Sinarum **regno** commorantibus. Respondit ad haec Sacra Inquisitionis Congregatio anno 1669, praefatum Congregationis de Propaganda Fide decretum adhuc vigere, habita ratione rerum quae fuerunt in dubiis expositae ; neque illud fuisse circumscriptum a decreto Sacrae Inquisitionis, quod anno 1656 emanavit ; immo esse omnino observandum juxta quaesita, circumstantias et omnia ea quae in antedictis dubiis continentur. Declaravit pariter eodem modo esse observandum praedictum Sacrae Congregationis decretum anno 1656 juxta quaesita, circumstantias et reliqua in ipsis expressa. Hoc autem decretum Clemens Papa IX comprobavit.

Innoc. XII novum examen causae in eadem Congr. instaurari jubet. — 5. Cum autem omnia praefata decreta pro varia rerum expositarum ratione

bien loin de finir, prit de nouvelles forces et un plus grand accroissement. Car, les ouvriers évangéliques étant divisés en deux partis, les esprits s'échauffèrent et s'affermirent encore plus dans la divergence des sentiments. De là, non sans un grand dommage et un grave scandale pour la Foi, la prédication ne fut plus uniforme et la discipline comme l'instruction ne fut plus la même dans tous les lieux. Le **Pape Innocent XII**, notre prédécesseur, informé de ces fâcheux résultats, crut qu'il était absolument de son devoir de mettre fin à ces pernicieuses dissensions ; en conséquence, il commit à la Sacrée Congrégation de l'Inquisition la discussion exacte et très attentive de toute cette controverse. N'ayant rien négligé pour arriver à une exacte connaissance des faits, il donna encore l'ordre de fixer avec le plus grand soin les questions qui devaient être résolues par la même Sacrée Congrégation.

Clément XI approuve la condamnation des rites par la Sacrée Congrégation de l'Inquisi-

---

fuerint facta ac promulgata, tantum abfuit ut rituum sinensium controversia finem obtineret, ut magis illa vires et incrementum acquireret. Nam scissis evangelicis operariis in partes, adducta res fuit in acriorem animorum ac sententiarum contentionem. Atque hinc, non sine gravi scandalo magnoque fidei damno, consecuta est praedicatio non uniformis, et non eadem ubique Christianorum illorum disciplina et institutio. De his autem absurdis certior factus Innocentius Papa XII, praedecessor noster, id muneris sui omnino esse putavit ut perniciosis adeo dissidiis finis daretur ; proinde exactam maximeque accuratam totius hujus controversiae discussionem Sacrae Inquisitionis Congregationi commisit. Cumque nihil intentatum reliquisset quo sinceram facti notitiam obtineret, firmata quoque fuerunt de illius mandato summa cum diligentia quaesita quae per eamdem Sacram Congregationem resolverentur.

tion. — 6. La mort du Pape Innocent XII interrompit l'examen de ces questions. Clément XI, qui lui succéda, plein du zèle de son prédécesseur, voulut qu'on fît en sa présence l'examen de ces mêmes questions. C'est pourquoi, après une longue, mûre et très soigneuse discussion de l'affaire, après avoir entendu les raisons des deux parties auxquelles on donna toute facilité de les produire librement, le même Pape Clément XI, en l'année 1704, approuva et confirma de son autorité apostolique les réponses de la susdite Sacrée Congrégation à toutes et à chacune des questions proposées, prohibant les rites chinois comme imbus de superstition ; de plus, il ordonna de faire parvenir ces réponses à Charles-Thomas de Tournon, Patriarche d'Antioche, Commissaire et Visiteur apostolique dans l'empire de la Chine, pour qu'il en prescrivît l'exacte observance à tous et à chacun des missionnaires, en infligeant même des peines canoniques aux réfractaires.

Clément XI confirme le mandement du légat

Clemens XI approbat responsiones Congregat., easque transmittit ad patriarcham Antioch. visitat. apost. — 6. Quaesitorum illorum examen Innocentii Papae XII mors intercepit. Clemens autem XI, qui successit, praedecessoris sui zelo plenus, coram se quaesitorum eorumdem examen fieri voluit. Quamobrem post diuturnam, maturam et accuratissiman rei discussionem, post auditas ex utraque parte rationes, quibus libere producendis unicuique locus amplissimus datus fuit, idem Clemens Papa undecimus anno 1704 confirmavit et apostolica auctoritate comprobavit praememoratae Sacrae Congregationis responsiones ad omnia et singula quaesita proposita quibus ritus sinenses, utpote superstitione imbuti prohibebantur ; mandavitque praefatas responsiones ad Carolum Thomam de Tournon, Antiochiae patriarcham, Commissarium et in Sinarum regno Visitatorem apostolicum transmitti, ut nimirum

**de Tournon, et défend tout nouvel écrit sur cette
question (1710).** — 7. Le Patriarche d'Antioche
publia en effet la décision apostolique, en y ajoutant
un mandement pour en prescrire l'observance à
tous les missionnaires. Ceux qui soutenaient les
rites chinois comme politiques et purement civils
essayèrent d'éluder ces décisions et ces ordres, et
de s'y soustraire en alléguant diverses raisons futiles.
Alors le Pape Clément XI, par un décret émané de
la Congrégation de l'Inquisition en 1710, ordonna
l'entière et inviolable observance des réponses qu'il
avait confirmées de son autorité apostolique, ainsi
que d'autres points contenus dans le décret dont
la teneur suit :

8. *Le jeudi 25 septembre 1710, notre Saint-Père le Pape,
après avoir ouï sur la cause des rites de la Chine les
avis des Eminentissimes et Révérendissimes Seigneurs*

---

exactam earumdem observantiam omnibus et singulis
missionariis, poenis quoque canonicis in refractarios
iudictis praeciperet.

**Qui eas publicat, additis praeceptis etc. —
Mandat observari decretum editum a card.
de Tournon.** — 7. Promulgavit quidem Patriarca
antiochenus decisionem apostolicam, addito decreto
quo ab universis ejus observantiam exigebat. Cum
autem illam tentassent eludere variisque inanibus
rationibus effugere ii qui sinenses ritus tamquam
politicos ac mere civiles propugnaverant, praedictus
Pontifex Clemens XI decreto quod per Sacrae Inqui-
tionis Congregationem emanavit anno MDCCX praecepit omnimodam et inviolabilem earumdem responsionum ab se Apostolica auctoritate confirmatarum
observantiam, et alia quae decreto ipso continentur,
quod est tenoris sequentis:

Tenor decreti. — 8. *Decretum super omnimoda
ac inviolabili observatione Responsorum, alias in
causa Rituum seu Ceremoniarum Sinensium a Sacra*

*Cardinaux qui ont examiné cette affaire avec beaucoup
de soin dans plusieurs Congrégations tenues en présence de Sa Sainteté, a ordonné et déclaré que tous et
un chacun de ceux que cette affaire regarde, sont indis-
pensablement obligés de s'en tenir aux réponses données
autrefois sur cette même cause par la dite Congrégation,
confirmées et approuvées par Sa Sainteté le 20 novembre 1704, ainsi qu'au mandement ou décret publié à
ce propos par l'Eminentissime Seigneur Cardinal de
Tournon, alors Patriarche d'Antioche, Commissaire
général et Visiteur apostolique dans l'Empire de la
Chine, et de les observer sous les peines énoncées dans
le dit mandement, Sa Sainteté rejetant absolument toute
fausse couleur et tout prétexte dont on pourrait se couvrir pour se donner la liberté d'y contrevenir, et surtout
nonobstant tout appel interjeté devant le Saint-Siège,
par quelques personnes que ce soit, séculières ou régu-*

---

*Congregatione datorum et a Sanctissimo approbatorum
cum aliis Ordinationibus.*

Mandat observari Decretum editum a Card. de
Tournon. — *Feria V, die XXV sept. MDCCX, Con-
gregatione Generali Sanctae Romanae et Universalis
Inquisitionis habita in Palatio apostolico Quirinali
coram Sanctissimo Domino Nostro Domino Clemente
Divina Providentia Papa XI, ac Eminentissimis et
Reverendissimis Dominis Sanctae Romanae Ecclesiae
Cardinalibus in tota republica Christiana contra\haere-
ticam pravitatem Generalibus Inquisitoribus a Sancta
Sede Apostolica specialiter deputatis.*

Rejicit appellationes ad S. Sedem interpositas. —
*Idem Sanctissimus Dominus Noster in causa Rituum
seu Ceremoniarum Sinensium, auditis, tam in Congregationibus anno praeterito non semel quam in aliis
mense et anno praesentibus pluries coram Sanctitate
Sua habitis, praefatorum Eminentissimorum et Reve-
rendissimorum Dominorum Cardinalium qui rem
mature ac diligentissime discusserunt sententiis, decrevit
et declaravit responsa alias in causa hujusmodi ab eadem
Congregatione data et a Sanctitate Sua die 20 novemb.
1704 confirmata et approbata, necnon mandatum seu
decretum ab Eminentissimo et Reverendissimo Domino,
Domino Cardinali de Tournon, tunc Patriarcha Antio-*

*lières ; appels que Sa Sainteté a pour cet effet décidé
devoir être rejetés, comme effectivement ils l'ont été.
Au reste, attendu que le dit Seigneur Cardinal de Tournon a expressément déclaré par son dit mandement
qu'il adhérait à la décision apostolique du 20 novembre
1704, Sa Sainteté déclare, en outre, que ce mandement
doit être pris et entendu par rapport aux réponses
ci-dessus marquées, en sorte qu'il soit censé n'avoir
rien ajouté ou retranché de ces réponses. Enfin, quoique
Sa Sainteté ait appris avec une extrême douleur que
l'ennemi du genre humain ne cesse de répandre de jour
en jour en ces vastes régions l'ivraie en plus d'une
manière, Elle n'a garde néanmoins de vouloir aban-
donner pour cela la très sainte et salutaire entreprise de
la propagation de la foi dans ce pays-là. Au contraire,*

---

*chéno, Commissario et Visitatore apostolico generali
in Imperio Sinarum die 25 janu. 1707 hac de re editum,
ab omnibus et singulis ad quos spectat, inconcusse et
inviolabiliter, sub censuris et poenis in mandato seu
decreto hujusmodi expressis, observanda esse, quovis
contrafaciendi quaesito colore seu praetextu penitus
sublato, ac potissimum non obstante quacumque appellatione a quibusvis personis, sive saecularibus, sive regularibus, etiam specifica et individua mentione et expressione dignis, ac quavis Ecclesiastica dignitate fulgen-
tibus, ad Sedem Apostolicam interposita, quam propterea Sanctitas Sua rejiciendam esse decrevit ac re ipsa
rejecit.*

Declarat ac Decreto nihil additum vel detractum
responsionibus datis anno 1704. — *Porro cum idem
Dominus Cardinalis de Tournon in suo mandato seu
decreto supradicto, Apostolicae decisioni die 20 novembris 1704 latae se expresse inhaerere professus
fuerit, Sanctitas Sua ulterius declaravit ipsum mandatum
seu decretum, una cum censuris in eo contentis, ad
norman eorumdem responsorum accipiendum esse,
ita ut nihil per illud responsis praefatis additum seu
detractum fuisse censendum sit, ac omnia quae in eis
insunt, etiam in mandato seu decreto praedicto inesse
intelligantur.*

Plèniorem Instructionem confici jubet. — *Cae-*

*Elle se sent animée d'un désir ardent de s'employer,
plus que jamais avec tout le zèle et l'application dont
Elle est capable, à avancer ce grand ouvrage, en s'étu-
diant à apaiser les différends qui, comme les épines,
étouffent le bon grain de la parole. Pour cet effet, Sa
Sainteté ordonne qu'on dresse une instruction convenable
sur tout ce qui a été dit ci-dessus et sur d'autres points
qui y ont rapport, et qu'on l'envoie au dit Cardinal de
Tournon, ou à celui qui aura été envoyé à sa place,
comme aussi aux Vicaires apostoliques qui y seront,
par laquelle· instruction il soit pourvu avec une égale
prudence à la dite exécution des décrets apostoliques, et
en même temps à la bonne intelligence qui doit être
entre les missionnaires, à la prédication de la vérité
évangélique et au salut des âmes.*

En dernier lieu, pour arrêter la licence excessive

---

*terum Sanctitas Sua, tametsi non sine ingenti animi
sui moerore acceperit quod humani generis hostis mul-
tiplici in die zizania in latissimis illis regionibus
superseminare non cessat ; non tamen propterea in eis
Catholicae Religionis propagandae saluberrimum ac
sanctissimum opus nullatenus deserere volens, sed illud
majori qua potest animi contentione ac studio, iisque
potissimum dissidiis quibus inibi Christianae Fidei
seges veluti spinis suffocatur prorsus submotis, ardentius
semper et enixius promovere cupiens ; congruam super
praemissis aliisque ad ea pertinentibus instructionem
confici, illamque dicto D. Cardinali de Tournon,
quatenus adhuc in illis partibus commoretur, sin minus
illi qui ejus loco deputatus fuerit, necnon Episcopis
et Vicariis apostolicis earumdem partium transmitti
mandavit, qua non minus debitae Apostolicorum
Decretorum executioni quam Missionariorum concordiae,
Evangelicae veritatis praedicationi atque animarum
saluti opportune consulatur.*

*Vetat publicari scripta super Rit. sin., absque
licentia S. S. Publicata vero prohibet, sub poenis, etc.
— Demum, ut nimiae illi de his rebus scribendi licentiae
quae non sine fidelium scandalo inter partes diuturna
contentione exasperatas invaluit modus imponatur,
Sanctitas Sua districte praecepit omnibus et singulis*

d'écrire sur cette affaire, que se sont donnée les parties
aigries par ces longues contestations, non sans scandale
pour les fidèles, Sa Sainteté défend très fortement à tous
et à chacun des sujets de tout Ordre, Congrégation,
Institut et Société, même de celles qu'il serait nécessaire
de nommer, et à toutes autres personnes, soit ecclésiastiques, soit laïques, de quelque état, degré, condition et
dignité qu'elles soient, d'avoir à l'avenir, sous quelque
motif que ce soit, la hardiesse d'imprimer, de publier
aucuns livres, libelles, relations, thèses, feuilles volantes
et écrits quels qu'ils puissent être, où il soit traité, même
par incident, de ces rites chinois, ni des contestations
nées à ce sujet, à moins qu'ils n'en aient obtenu une
permission expresse de Sa Sainteté, laquelle soit donnée
dans la Congrégation de la Sainte Inquisition. Et
afin que cette défense soit inviolablement observée,
Sa Sainteté a déclaré que sa volonté est que les contrevenants, quels qu'ils soient, encourent ipso facto et
sans autre déclaration, l'excommunication, et que les
réguliers soient privés de voix active et passive, outre
qu'ils seront sujets à d'autres peines, qu'il plaira à

---

cujusvis Ordinis, Congregationis, Instituti, et Societatis, etiam de necessitate exprimendae, Regularibus
aliisque quibuscumque saecularibus personis, tam
ecclesiasticis quam laicis, cujuscumque tandem status,
conditionis et dignitatis existant, ut in posterum non
audeant sub quovis quaesito colore vel praetextu, im-
primere vel quoquo modo in lucem edere libellos, relationes, theses, folia sed scripta quaecumque, in quibus
ex professo vel incidenter de Ritibus sinicis hujusmodi
vel de controversiis desuper seu illorum occasione exortis
quomodolibet tractetur, sine expressa et speciali licentia
a Sanctitate Sua seu pro tempore existente Romano
Pontifice in Congregatione supradictae Sanctae et
Universalis Inquisitionis obtinendae. Ut autem ejusmodi prohibitio inviolabiliter observetur, eadem Sanctitas sua voluit et declaravit contravenientes quoscumque
excommunicationis latae sententiae, regulares vero
etiam privationis vocis activae et passivae poenas
ipso facto absque alia declaratione incurrere ; et nihilominus aliis etiam poenis Sanctitatis suae et Succes-

Sa Sainteté ou à ses successeurs de leur imposer. Elle a voulu aussi que, sans approuver les écrits publiés jusqu'à présent, sur quoi il sera pourvu, les livres, libelles, relations, thèses, feuilles volantes et écrits quelconques qui pourraient être publiés à l'avenir contre la présente défense soient tenus pour expressément prohibés sans autre déclaration, sous les censures contenues dans les règles de l'Index des livres défendus. Quant aux imprimeurs, Sa Sainteté a ordonné qu'outre la perte des écrits imprimés, ils seraient sujets selon la grièveté du crime à des amendes pécuniaires et à d'autres peines corporelles, nonobstant toutes choses à ce contraires. — Joseph Bartoli, *notaire de la Sainte Inquisition.*

Constitution « Ex illa die » du Pape Clément XI. — 9. Cependant un tel décret ne parvint pas à réduire à l'obéissance les esprits difficiles. C'est pourquoi le même Pape Clément XI, pour leur imposer définitivement un frein, promulgua en 1715 une Constitution par laquelle il confirma de nouveau solennellement les réponses susdites de la Sacrée

---

sorum suorum Romanorum Pontificum arbitrio infligendis subjacere. Libros porro, libellos, relationes, theses, folia ac scripta quaecumque, quae in futurum contra praesentis prohibitionis tenorem edi contigerit (citra ullam aliorum hactenus editorum approbationem, super quibus opportune providebitur), pro expresse prohibitis haberi voluit, absque alia declaratione, sub poenis et censuris in regulis Indicis librorum prohibitorum contentis. Impressores vero, praeter Scriptorum sic impressorum amissionem, pecunariis aliisque corporalibus poenis, juxta criminis gravitatem, teneri mandavit. In contrarium facientibus, Non obstantibus quibuscumque. — Joseph Bartolus, *Sanctae Romanae et Universalis Inquisitionis Notarius.*

Idem Clemens XI praefatas responsiones edita Constitutione confirmat. — 9. At vero, nec decretum hujusmodi ad difficiles animos subjiciendos valuit. Itaque Clemens idem Papa XI, quo illos tandem aliquando fraenaret, Constitutionem anno 1715 evul-

Inquisition et ordonna de les observer exactement et à la lettre, en retranchant tous les subterfuges à l'aide desquels les contumaces en eussent pu éluder en quelque manière la parfaite observance. Voici la teneur de cette Constitution :

CLÉMENT XI, PAPE. Pour transmettre à la postérité la mémoire de ce qui suit :

10. Résumé de ce que le Saint-Siège a fait jusqu'ici. — *Depuis que par la Providence de Dieu, sans aucun mérite de notre part, nous avons pris le gouvernement de l'Eglise catholique, c'est-à-dire une charge qui par sa vaste étendue est d'un poids immense, nous n'avons rien eu tant à cœur, dans l'application que nous avons donnée à nos devoirs, que de trancher, avec une sagesse convenable et par l'exacte sévérité d'un jugement apostolique, les vives contestations qui se sont élevées, il y a longtemps, dans l'empire de la Chine entre les prédicateurs de l'Evangile, et qui n'ont fait que croître et s'échauffer tous les jours de plus en plus, tant à l'égard de quelques termes chinois, dont on se*

---

gavit, qua solemniter iterum confirmavit antedictas Sacrae Inquisitionis responsiones easque exacte et adamussim observari mandavit, praeclusis omnibus iis effugiis quibus perfectam earum observantiam contumaces homines aliquo pacto evadere potuissent ; et est tenoris qui sequitur :

Tenor Constitutionis Ex illa die. — 10. *Clementis Papae XI praeceptum super omnimoda, absoluta, integra et inviolabili observatione eorum quae alias a Sanctitate Sua in causa Rituum seu Ceremoniarum sinensium decreta fuerunt: cum rejectione quarumcumque rationum seu excusationum ad ejusmodi decretorum executionem declinandam allatarum, ac praescriptione Formulae juramenti per missionarios illarum partium praesentes et futuros hac in re praestandi.*

Exordium. Pontificis studium dirimendi controversias super Ritibus sinen. — CLEMENS PAPA XI. Ad futuram rei memoriam. *Ex illa die qua, nullo licet meritorum nostrorum suffragio, Catholicae Ecclesiae gubernacula, hoc est munus sua amplitudine gravissi-*

servait pour exprimer le saint et ineffable nom de Dieu,
que par rapport à certains cultes ou rites de cette nation,
que quelques missionnaires rejetaient comme superstitieux, pendant que d'autres les permettaient, affirmant
qu'ils étaient purement civils; afin que toutes les
dissensions, qui troublaient et entravaient la propagation de la religion chrétienne et de la foi catholique, étant ôtées, tous eussent le même sentiment
et parlassent le même langage, et qu'ainsi Dieu fût
glorifié dans une parfaite conformité de pensées et
de paroles, par ceux qui sont sanctifiés en Jésus-Christ.

C'est dans ce dessein que, dès le 20 novembre de
l'année 1704, nous confirmâmes et approuvâmes par
l'autorité apostolique les réponses que la Congrégation
de nos vénérables frères les Cardinaux de la sainte
Eglise romaine, commis et députés par la même autorité,
dans toute la République chrétienne, en qualité d'inqui-
siteurs généraux contre l'hérésie, donna sur diverses
questions qui avaient été agitées, touchant la même
affaire de Chine, après un long examen commencé sous
le pontificat de notre prédécesseur Innocent XII, d'heu-

---

mum ac temporum iniquitate molestissimum, Deo sic
disponente, suscepimus, nihil Nobis manum clavo
admoventibus antiquitus fuit quam acerrimas conten-
tiones jampridem in Imperio Sinarum inter apostolicos
illarum partium missionarios exortas semperque in
dies magis invalescentes, tam circa quasdam voces sinicas
ad sanctum et ineffabile Dei nomen exprimendum
inibi usurpatas, quam circa nonnullos earum gentium
ritus veluti superstitiosos a quibusdam ex Missionariis
praedictis reprobatos, ab aliis vero utpote eos civiles
tantum asserentibus permissos, apostolici judicii censura
opportune dirimere : ut, sublatis dissidiis, christianae
religionis catholicaeque fidei propagationem turban-
tibus, omnes tandem id ipsum dicerent in eodem sensu
et in eadem sententia, unoque ore glorificaretur Deus
ab iis qui sanctificati sunt in Christo Jesu.

In eum finem approbavit responsiones, de quibus
supra. — Hoc consilio responsa illa, quae ad varias
quaestiones super hujusmodi rebus excitatas, praevio
diuturno examine, dudum, videlicet tempore fel. record.

reuse mémoire, et après avoir entendu les raisons des deux parties, aussi bien que les sentiments d'un grand nombre de théologiens et de qualificateurs.

D'après les anciennes Décisions, sont défendus : 1º L'emploi de TIEN et de XANG-TI. — Or, les décisions portées dans ces réponses sont celles qui suivent :

Que comme en Chine on ne peut pas signifier d'une manière convenable le Dieu très bon et très grand par les noms qu'on lui donne en Europe, il faut se servir, pour exprimer le vrai Dieu, du mot TIEN-TCHOU qui peut dire le Seigneur du Ciel, et qu'on sait être depuis longtemps reçu et approuvé par l'usage des missionnaires et des fidèles de Chine, mais qu'il faut rejeter absolument les noms TIEN, Ciel, et XANG-TI, souverain empereur ;

2º L'exposition de l'inscription KING-TIEN. — Que, pour cette raison, il ne faut pas permettre qu'on expose dans les églises des chrétiens les tableaux avec l'inscription chinoise KING-TIEN, Adorez le ciel, ni qu'on y garde à l'avenir ceux qui y sont exposés déjà ;

3º Les sacrifices à Confucius. — Qu'il ne peut

Innocentii Papae XII Praedecessoris nostri inchoato, ac deinde jussu nostro per plures annos continuato, auditisque utriusque partis rationibus, necnon complurium theologorum et qualificatorum sententiis, ac Congregatione Venerabilium Fratrum nostrorum Sanctae Romanae Ecclesiae Cardinalium in tota Republica Christiana Generalium Inquisitorum adversus haereticam pravitatem auctoritate apostolica deputatorum data fuerunt, Nos die 20 novembris 1704 eadem auctoritate confirmavimus et approbavimus.

Tenor responsionum. De Dei nomine. — *Ea autem quae in responsis hujusmodi decreta fuerunt, sunt quae sequuntur :* « *Cum Deus Optimus Maximus congrue apud Sinas vocabulis europaeis exprimi nequeat, ad eumdem verum Deum significandum vocabulum* TIEN CHU, *hoc est Cœli Dominus, quod a sinensibus missionariis et fidelibus longo ac probato usu receptum esse dignoscitur, admittendum esse :. nomina vero* TIEN, Coelum, *et* XANG TI, *Supremus Imperator, penitus rejicienda.*

non plus en aucune façon, ni pour quelque cause que ce soit, être permis aux chrétiens de présider, de servir en qualité de ministres, ni d'assister aux sacrifices solennels ou oblations qui ont coutume de se faire à Confucius et aux ancêtres, à chaque équinoxe de l'année, vu qu'ils sont imbus de superstition;

4º Les cérémonies à la pagode des 1ᵉʳ, 15 de la lune et après les examens littéraires. — *Que de même il ne faut point permettre que dans les édifices de Confucius, qui en chinois s'appellent* MIAO, *les chrétiens pratiquent les cérémonies, rendent les honneurs et fassent les oblations qui se pratiquent en l'honneur de Confucius, soit chaque mois, à la nouvelle et à la pleine lune, par les mandarins ou les principaux magistrats et autres officiers et lettrés; soit par ces mêmes mandarins ou gouverneurs et magistrats, avant de prendre possession de leur dignité ou après qu'ils sont entrés en fonctions ; et enfin par les lettrés qui*

« Ejusque inscriptione. — *Idcirco tabellas cum inscriptione sinica* KING TIEN, *coelum colito, in Ecclesiis Christianorum appendi, seu jam appensas in posterum inibi retineri permittendum non esse.*

« De cultu Confucii. — *Ad haec nullatenus nullaque de causa permittendum esse Christifidelibus quod praesint, ministrent aut intersint solemnibus sacrificiis seu oblationibus, quae a Sinensibus in utroque acquinoctio cujuscumque anni Confucio et progenitoribus defunctis fieri solent, tamquam superstitione imbutis. Similiter, nec esse permittendum quod in aedibus Confucii, quae sinico nomine* MIAO *appellantur, iidem Christifideles exerceant ac peragant ceremonias, ritus et oblationes quae in honorem ejusdem Confucii fiunt tum singulis mensibus in novilunio et plenilunio a mandarinis seu primariis magistratibus aliisque officialibus et litteratis ; tum ab eisdem mandarinis seu gubernatoribus ac magistratibus antequam dignitatem adeant, seu saltem post ejus possessionem adeptam ; tum denique a litteratis, qui postquam ad gradus sunt admissi, e vestigio ad templum seu aedem Confucii se conferunt.*

« De cultu majorum defunctorum in templis. —

étant reçus aux grades, se transportent sur-le-champ au temple ou édifice de Confucius;

5° Les sacrifices même privés. — Que, de plus, il ne faut pas permettre aux chrétiens de faire les oblations moins solennelles à leurs ancêtres, dans les temples ou édifices qui leur sont dédiés; ni d'y servir en qualité de ministres ou de quelque autre manière que ce soit; ni d'y rendre d'autres cultes ou faire d'autres cérémonies;

6° Les oblations à la TABLETTE, au CIMETIÈRE et au CERCUEIL. — Qu'on ne doit pas non plus permettre aux chrétiens de pratiquer ces sortes d'oblations, de cultes et de cérémonies en présence des tablettes des ancêtres, dans les maisons particulières, ni à leurs tombeaux, ni avant que d'enterrer les morts, de la manière qu'on a coutume de les pratiquer en leur honneur, soit conjointement avec les gentils, soit séparément; ni d'y servir en qualité de ministres, ni d'y assister.

Ces cérémonies sont certainement SUPERSTITIEUSES. — A quoi il faut ajouter que, comme après avoir pesé de part et d'autre et examiné avec soin et maturité tout

---

Praeterea non esse permittendum Christianis, in templis seu aedibus progenitoribus dicatis oblationes minus solemnes eisdem facere, nec in illis ministrare aut quomodolibet inservire, vel alios ritus et ceremonias peragere.

« Et in domibus, in sepulchris et super corum cadaveribus. — Item nec esse permittendum praefatis Christianis oblationes, ritus et ceremonias hujusmodi coram progenitorum tabellis, in privatis domibus, sive in eorumdem progenitorum sepulchris, sive antequam defuncti sepulturae tradantur, in eorum honorem fieri consuetas, una cum gentilibus vel seorsim ab illis peragere eisque ministrare aut interesse; immo praedicta omnia, utpote quae, perpensis hinc inde deductis necnon diligenter ac mature discussis omnibus, ita peragi comperta sunt ut a superstitione separari nequeant, christianae legis cultoribus ne quidem permittenda esse, praemissa publica vel secreta protestatione se non religioso sed civili ac politico tantum cultu erga defunctos illa praestare, nec ab eis quidquam petere aut sperare.

ce qui se passe dans toutes ces cérémonies, on a trouvé qu'elles se font de manière qu'on ne peut les séparer de la superstition, on ne doit pas les permettre à ceux qui font profession de la religion chrétienne, même après protestation publique ou secrète qu'ils ne les pratiquent pas par un culte religieux, mais seulement par un culte civil et politique à l'égard des morts, et qu'ils ne demandent rien à ceux-ci ni qu'ils n'en espèrent rien.

La PRÉSENCE purement MATÉRIELLE y reste tolérée. — *Que néanmoins, par ces décisions, on ne prétend pas condamner la présence ou l'assistance, purement matérielle, selon laquelle il arrive quelquefois aux chrétiens de se trouver avec les gentils lorsqu'ils font des choses superstitieuses, pourvu qu'il n'y ait de la part des fidèles aucune approbation, ni expresse, ni tacite, de ce qui se passe, et qu'ils n'y exercent aucun ministère, lorsqu'on ne peut autrement éviter les haines et les inimitiés, après avoir fait toutefois, s'il se peut commodément, une protestation de foi, et en dehors de tout péril de perversion.*

On ne peut garder les tablettes portant l'inscription : SIÈGE DE L'AME DE N.... — *Qu'enfin l'on ne peut point permettre aux chrétiens de garder dans leurs maisons particulières les tablettes de leurs parents morts, suivant la coutume de ce pays-là, c'est-à-dire*

ᵉ *Praesentia materialis non damnatur in quibusdam casibus, etc.* — *Non tamen per haec censendam esse damnatam praesentiam illam, seu assistentiam mere materialem, quam cum gentilibus superstitiosa peragentibus, citra ullam sive expressam sive tacitam gestorum approbationem, ac quovis ministerio penitus secluso, eisdem superstitiosis actibus quandoque praestari contingat a Christianis, cum aliter odia et inimicitiae vitari non possunt : facta tamen prius, si commode fieri poterit, fidei protestatione, ac cessante periculo subversionis.*

De tabellis progenitorum domi retinendis. — *Demum permittendum non esse Christifidelibus, tabellas defunctorum progenitorum in suis privatis domibus retinere juxta illarum partium morem, hoc est cum inscriptione sinica, qua thronus seu Sedes spiritus vel animae N. significetur ; immo nec cum alia, qua Sedes seu Thronus,*

avec une inscription chinoise qui signifie « le trône, ou le siège de l'esprit ou de l'âme d'un tel », non plus qu'avec une autre inscription qui marque simplement « le siège ou le trône »; et qui, pour être plus abrégée, ne paraît néanmoins signifier autre chose que la première.

On peut tolérer les tablettes avec LE NOM TOUT SEUL. — *Qu'à l'égard des tablettes, où le nom seul du défunt serait écrit, on peut en tolérer l'usage, pourvu qu'on n'y mette rien qui ressente la superstition, et qu'il n'y ait aucun scandale; c'est-à-dire pourvu que les Chinois qui ne sont pas encore chrétiens ne puissent pas croire que ceux qui le sont gardent ces tablettes dans le même esprit que les païens; et ajoutant de plus, à côté, une déclaration qui fasse entendre quelle est la foi des chrétiens à l'égard des morts et quelle doit être la piété des enfants et des descendants envers leurs ancêtres.*

On tolèrera les cérémonies purement CIVILES et POLITIQUES. — *Que néanmoins on ne prétend pas, par ce qui vient d'être dit, défendre de faire à l'égard des morts d'autres choses, s'il y en a quelques-unes que ces peuples aient coutume de faire, qui ne soient point*

---

adeoque idem ac priori, licet magis contracta inscriptione, designari videatur. Quo vero ad tabellas solo defuncti nomine inscriptas tolerari posse illarum usum, dummodo in eis conficiendis omnia quae superstitionem redolent, et secluso scandalo, hoc est, dummodo qui Christiani non sunt arbitrari non possint tabellas hujusmodi a Christianis retineri ea mente qua ipsi illas retinent, necnon adjecta insuper declaratione ad latus ipsarum tabellarum apponenda, qua et quae sit Christianorum de defunctis fides et qualis filiorum ac nepotum in progenitores pietas esse debeat enuncietur.

« Pietatis officia non superstitiosa neutiquam prohibentur. — Per praemissa nihilominus non vetari quominus erga defunctos peragi possint alia, si qua sint, ab iis gentibus peragi consueta, quae vere superstitiosa non sint nec superstitionis speciem prae se ferant, sed intra limites civilium et politicorum Rituum

superstitieuses et qui n'aient point l'apparence de superstition, mais qui soient renfermées dans les bornes des cérémonies civiles et politiques. Or, pour savoir quelles sont ces choses, et avec quelles précautions elles peuvent être tolérées, il faut s'en rapporter au jugement tant du Commissaire et Visiteur général du Saint-Siège qui sera pour lors en Chine, ou de celui qui tiendra sa place, que des Evéques et des Vicaires apostoliques de ces pays-là, qui, de leur côté, seront obligés d'apporter tout le soin et toute la diligence possible, pour introduire peu à peu parmi les chrétiens et mettre en usage les cérémonies que l'Eglise catholique a pieusement prescrites pour les morts, et supprimer tout à fait les cérémonies des païens.

LE DÉCRET DU CARDINAL DE TOURNON maintenu, NONOBSTANT TOUT APPEL. — Ensuite, près de six ans s'étant écoulés, après avoir pris une seconde fois les avis des Cardinaux de la même Congrégation, qui avaient discuté de nouveau l'affaire avec un très grand soin et une parfaite maturité, nous déclarâmes, par un second décret du 25 septembre 1710, que tous et un chacun de ceux que cette affaire regardait, eussent à observer constamment et inviolablement les réponses déjà données, ainsi que le mandement ou décret que

---

contineantur. Porro quaenam haec sint, et quibus adhibitis cautelis tolerari valeant, tum pro tempore existentis Commissarii et Visitatoris Generalis Apostolici, seu ejus vices exercentis in Imperio Sinarum, tum Episcoporum et Vicariorum Apostolicorum illarum partium judicio relinquendum esse : qui tamen interea omni quo poterunt studio ac diligentia curare debebunt, ut Gentium ceremoniis penitus sublatis, illi sensim a Christianis et pro Christianis hac in re usu recipiantur ritus quos Catholica Ecclesia pro defunctis pie praescripsit. »

Refertur decretum super insertum, n° 8. — Post haec vero, labente fere sexennio, nempe die 25 septembris 1710, auditis iterum dictorum Cardinalium qui rem mature ac diligentissime discusserunt suffragiis, eadem responsa, necnon mandatum seu decretum, quod illis expresse inhaerendo, a piae recordationis Carolo Thoma,

Charles-Thomas de Tournon, de pieuse mémoire, alors Patriarche d'Antioche, Commissaire apostolique et Visiteur général dans l'empire de Chine, créé depuis en son vivant Cardinal de la même Sainte Eglise Romaine, en se conformant expressément aux mêmes réponses. avait publié sur les lieux le 25 septembre 1707 ; et nous rattachâmes à notre déclaration les censures et les peines exprimées dans ce mandement, ôtant absolument tout prétexte et toute fausse raison qu'on pourrait prendre d'y contrevenir, et surtout apposant la clause : « Nonobstant tout appel par quelque personne que ce puisse être à Nous et au Siège apostolique », que nous jugeâmes à propos pour cette raison de rejeter entièrement et que nous rejetâmes en effet, selon qu'il est porté plus amplement dans notre décret.

Nombreux PRÉTEXTES inventés pour éluder les ordres du Pape. — *Tout* CELA AURAIT DU SUFFIRE PLEINEMENT ET ABONDAMMENT *pour arracher jusqu'à la racine la zizanie que l'homme ennemi avait semée sur le bon grain évangélique en Chine, et pour faire obéir, avec l'humilité et la soumission requises, tous les*

---

dum vixit ejusdem Sanctae Romanae Ecclesiae Cardinali de Tournon nuncupato, tunc Patriarcha Antiocheno, Commissario et Visitatore apostolico generali in præfato Imperio Sinarum, die 25 januarii 1707 editum fuit, ab omnibus et singulis ad quos spectabat, inconcusse et inviolabiliter, sub censuris et poenis in mandato seu decreto hujusmodi expressis, observanda esse decrevimus et declaravimus, quovis contrafaciendi quaesito colore seu prætextu penitus sublato, ac potissimum non obstante quacumque appellatione a quibusvis personis ad Nos et Sedem Apostolicam interposita. quam propterea prorsus rejiciendam esse similiter decrevimus ac re ipsa rejecimus, prout in decreto hac de re edito fusius continetur.

Haec omnia plene et abunde sufficere debuissent, ut ea, quae inimicus homo superseminaverat, zizania ex agro illo radicitus evellerentur, fidelesque omnes nostris et hujus Sanctae Sedis mandatis ea qua par erat humilitate et obedientia obsequerentur: praesertim cum in calce responsorum praedictorum a Nobis, sicut

*fidèles à Nos ordres et à ceux du Saint-Siège, vu prin-
cipalement qu'à la fin de ces réponses, qui, comme il
a déjà été dit, avaient été confirmées et approuvées
par nous, nous avions prononcé clairement et distinctement que* LA CAUSE ÉTAIT FINIE.

*Mais, comme suivant ce qui nous est révenu de ces
pays-là, et que nous n'avons pu apprendre qu'avec une
extrême douleur, la plupart éludent mal à propos depuis
trop longtemps, ou du moins retardent avec excès, non
sans blesser notablement notre autorité pontificale,
scandaliser beaucoup les fidèles de Jésus-Christ et
préjudicier considérablement au salut des âmes, l'exécution que nous avions si fortement ordonnée des décisions dont il s'agit, sous les faux et vains prétextes que
nous les avions suspendues, ou qu'elles n'avaient pas
été assez authentiquement publiées, ou qu'on y avait
inséré, ainsi qu'on l'assure très injustement, des conditions qui, avant l'exécution du décret, devaient être
vérifiées, ou que les faits sur lesquels on a décidé n'avaient
pas été rendus certains; ou que l'on prétendait que nous
devions encore donner d'autres déclarations plus étendues; ou qu'il y avait sujet de craindre de grands maux*

---

*praemittitur, confirmatorum et approbatorum causam
jam finitam esse apertis et perspicuis verbis pronun-
ciatum fuerit.*

Ejus observantia variis effugiis retardata. —
*Verum, cum, sicuti ex eisdem partibus non sine intimo
animi nostri dolore ad nostri pervenit Apostolatus
auditum, tam enixe a nobis praescripta responsorum
hujusmodi executio male a plerisque, sive vano falsoque
obtentu quod illa a Nobis suspensa fuerint vel minus
legitime promulgata, sive conditionum, ut perperam
asseritur, in eis insitarum et ante executionem ipsam
verificandarum, factorumve super quibus ispa ema-
narunt non justificatorum ratione, sive ulteriorum a
Nobis ea in re edendarum declarationum colore, sive gra-
vium quae tam missionariis quam Missioni ipsi ex
demandata executione obvenire possent periculorum
formidine, sive demum Decreti dudum, nempe die 23 martii 1656 super ejusdem ritibus seu ceremoniis sinicis
a praefata Congregatione Cardinalium editi ac a recol.*

*pour les missionnaires et la mission même, si les ordres
du Saint-Siège étaient suivis; ou enfin sous prétexte
du décret qui avait été donné dès le 23 mars 1656, sur
les mêmes cultes et les mêmes cérémonies de Chine, et
qui avait été approuvé par Alexandre VII, d'illustre
mémoire, l'un de nos prédécesseurs.*

Ordre, sous peine de SUSPENSE, INTERDIT, EXCOM-
MUNICATION, de se soumettre à la présente bulle. —
*C'est pourquoi, dans la vue de satisfaire à l'obligation
que Dieu nous a imposée de servir apostoliquement
l'Eglise, et désirant rejeter et anéantir entièrement
toutes ces difficultés, ces détours, ces subterfuges, ces
prétextes et en même temps pourvoir autant qu'il nous
est possible, avec le secours de Dieu, au repos des fidèles
et au salut des âmes; de l'avis des mêmes Cardinaux
et de Notre propre mouvement, certaine science, pleine
puissance et autorité apostolique, après mûre délibération, Nous ordonnons à tous et à chacun des Archevêques et Evêques qui sont ou seront à l'avenir, en
quelque temps que ce soit, dans l'empire de Chine ou
dans les royaumes, provinces et autres lieux adjacents,
sous peine de suspense de l'exercice des fonctions épis-*

---

*mem. Alexandro Papa VII etiam Praedecessore nostro
approbati praetextu, necnon sine gravi Pontificiae
nostrae authoritatis injuria, Christifidelium scandalo
ac salutis animarum detrimento, satis diu multumque
eludatur, aut saltem nimium retardetur.*

Praeceptum arctissimum sub censuris et poenis,
pro ejusdem Decreti executione. — *Hinc est quod
Nos, ex commissae Nobis divinitus apostolicae servi-
tutis munere, difficultates, tergiversationes, subterfugia
et praetextus hujusmodi penitus et omnino e medio
tollere ac rejicere, necnon Christifidelium quieti anima-
rumque saluti quantum Nobis ex alto conceditur pros-
picere cupientes, de eorumdem Cardinalium consilio
ac etiam motu proprio, et ex certa scientia ac matura
deliberatione nostris, deque Apostolicae potestatis plenitudine, omnibus et singulis Archiepiscopis et Episcopis in supradicto Sinarum Imperio aliisque ei con-
terminis sive adjacentibus Regnis ac Provinciis nunc
et pro tempore quandocumque existentibus, sub suspen-*

copales, et sous peine d'interdit de l'entrée de l'église ; et à tous les Officiaux, Grands Vicaires pour le spirituel, et autres Ordinaires pour ces lieux-là ; de même qu'aux Vicaires apostoliques qui ne seraient pas évêques, ou à leurs Provicaires, et à leurs missionnaires, tant séculiers que réguliers, de quelque Ordre, Congrégation et Institut que ce soit, même de la Société de Jésus, sous peine d'une excommunication dont la sentence est déjà portée et dont personne ne pourra être absous par qui que ce soit, en dehors de Nous et du Pontife romain qui sera alors, excepté à l'article de la mort ; et quant aux Réguliers, sous peine encore de privation de voix active et passive ; lesquelles censures seront encourues, par le fait même et sans aucune autre déclaration, par tous les contrevenants ; et Nous leur commandons, par la force des présentes et en vertu de la sainte obéissance, d'observer exactement, entièrement, absolument, inviolablement et invariablement les réponses ci-insérées et tout ce qui y est contenu, tant en général qu'en particulier, et de le faire observer de la même manière, autant qu'il sera en eux, par ceux dont ils auront soin ou dont la conduite les regardera, sans qu'ils aient la hardiesse

---

sionis ab exercitio pontificalium et interdicti ab ingressu Ecclesiae, eorum vero Officialibus ac Vicariis in spiritualibus generalibus, aliisque illorum locorum Ordinariis ac etiam Vicariis apostolicis qui episcopi non sint eorumve Provicariis, necnon Missionariis tam saecularibus quam cujusvis Ordinis, Congregationis, Instituti et Societatis, etiam Jesu, regularibus, sub excommunicationis latae sententiae, a qua nemo a quoquam, praeterquam a Nobis seu Romano Pontifice pro tempore existente, nisi in mortis articulo constitutus, absolvi possit, et quoad regulares, etiam privationis vocis activae et passivae poenis per contrafacientes ipso facto absque alia declaratione incurrendis, tenore praesentium praecipimus, ac in virtute sanctae obedientiae mandamus, ut responsa praeinserta, omniaque et singula in eis contenta, exacte, integre, absolute, inviolabiliter et inconcusse observent ; ab eis quorum cura ad illos spectat similiter observari, quantum in ipsis est, curent et faciant : neque illis, sive ullo ex

*ou qu'ils présument d'y contrevenir en quelque manière
que ce soit, à n'importe quel titre, cause, occasion, couleur, prétexte exprimés ci-dessus, ou quelque autre que
ce puisse être.*

Obligation, sous peine d'EXCOMMUNICATION et de
privation de voix, de FAIRE LE SERMENT D'OBSERVER
cette bulle. — *De plus, par le même mouvement, la
même science et en vertu des présentes, Nous statuons et
ordonnons que, sous les mêmes peines d'excommunication réservée et de privation de voix active et passive,
tous et un chacun des ecclésiastiques, tant séculiers que
réguliers des susdits Ordres, Congrégations, Instituts et
Sociétés, même celle de Jésus, qui ont été envoyés en
Chine ou dans les autres royaumes et provinces dont
nous avons parlé, soit par le Saint-Siège, soit par leurs
supérieurs, ou qui y seront envoyés à l'avenir, en vertu
de quelque titre ou de quelque pouvoir qu'ils y soient
déjà ou qu'ils doivent y être dans la suite; savoir, ceux
qui y sont maintenant, aussitôt que la présente Constitution leur sera connue, et ceux qui y seront à l'avenir,
avant qu'ils commencent d'y exercer aucune fonction de
missionnaires,* S'ENGAGERONT A OBSERVER *fidèlement,
entièrement et inviolablement* NOTRE PRÉSENT PRÉCEPTE

---

*superius expressis, sive alio quovis titulo, causa, occasione, colore vel praetextu, contravenire quoquo modo
audeant vel praesumant.*

De quo omnes Missionarii juramentum praestare
jubentur. — Et donec illud praestiterint, eisdem
suspenduntur facultates. — *Praeterea motu, scientia,
deliberatione et potestatis plenitudine paribus, harum
serie statuimus, et sub eisdem excommunicationis
reservatae ac privationis vocis activae et passivae poenis
ordinamus, ut omnes et singuli Ecclesiastici tam saeculares, quam praedictorum Ordinum, Congregationum,
Institutorum et Societatum, etiam Jesu, regulares, ad
Sinas aliave praefata Regna et Provincias, sive ab
hac Sancta Sede, sive etiam ab eorum Superioribus
missi et quandocumque in posterum mittendi, cujusvis
tandem tituli, aut facultatis vigore illic existant vel in
futurum existerint; missi scilicet, statim ac praesentes
Litterae eis innotuerint; mittendi vero, antequam ibidem*

ET COMMANDEMENT, *selon la forme qui sera marquée à la fin de la présente Constitution, entre les mains du Commissaire et Visiteur apostolique de ces lieux-là, sous la juridiction desquels respectivement ils demeurent déjà ou devront demeurer dans la suite, ou de quelque autre qui aura été député par eux. Et quant aux réguliers, ils seront absolument obligés de faire ce serment entre les mains des supérieurs de leur Ordre, ou de ceux que ces supérieurs auront députés, qui se trouveront sur les lieux.*

En sorte que, AVANT LA PRESTATION DU SERMENT ET LA SOUSCRIPTION DU FORMULAIRE *qui sera signé de la propre main de chacun de ceux qui prêteront ce serment, il ne sera permis à aucun de continuer, ni d'exercer de nouveau nulle fonction de missionnaire, comme d'entendre les confessions des fidèles, de prêcher, d'administrer les sacrements de quelque manière que ce puisse être, non pas même en qualité de députés des Evêques ou des Ordinaires des lieux, ni comme simples prêtres de leur Ordre, ni sous quelque autre titre, cause, privilège, dont il faudrait faire une mention expresse, spéciale et très spéciale; et ils ne pourront nullement se*

---

aliquod missionnarii munus exercere incipiant; juramentum de fideliter, integre ac inviolabiliter observando ejusmodi praecepto ac mandato nostro, juxta formulam in praesentium Litterarum calce annotandam, in manibus Commissarii et Visitatoris apostolici in praefato Imperio Sinarum pro tempore existentis vel alterius ab illo deputati, sive, eo deficiente, in manibus Episcoporum vel Vicariorum apostolicorum dictarum partium in quorum respective jurisdictione commorantur vel commorabuntur, aut aliorum ab eis deputatorum, regulares vero in manibus insuper Superiorum suae Religionis vel ab illis deputatorum in eisdem partibus existentium, praestare omnino debeant ac teneantur : ita ut ante praestationem juramenti hujusmodi et subscriptionem sub eadem formula ab unoquoque qui juramentum ipsum praestiterint propria manu faciendam, nullum missionarii munus continuare, aut exercere, immo nec tamquam deputati ab Episcopis seu Ordinariis locorum, aut tamquam simplices suae Religionis presbyteri, sive alio quovis titulo, causa seu privilegio, de

servir d'aucuns pouvoirs, soit qu'ils aient été accordés
en particulier à leur personne par le Saint-Siège, soit
qu'ils eussent été donnés en général respectivement à
leurs Ordres, Congrégations, Instituts et Sociétés, même
à celle de Jésus ; mais nous entendons qu'à leur égard,
outre et par-dessus les peines ci-dessus exprimées, tous
et chacun de ces pouvoirs cessent entièrement, n'aient
plus d'effet et soient réputés n'avoir plus aucune force.

COPIE DE CE SERMENT devra être envoyée à Rome.
— Nous ordonnons de plus que tous ces serments qui
doivent être faits comme nous venons de le dire, par tous
les missionnaires, tant séculiers que réguliers, entre les
mains soit du Commissaire et Visiteur apostolique qui
sera alors, soit des Evêques ou des Vicaires apostoliques,
après que tous ceux qui les auront faits, les auront
signés, ou du moins des copies authentiques, soient
envoyés le plus promptement possible à la Congrégation
des cardinaux du Saint-Office par le même Commissaire et Visiteur apostolique qui sera alors, ou par les
mêmes Evêques et Vicaires apostoliques.

---

quibus expressa et specialissima esset facienda mentio,
Christifidelium confessiones audire, concionari aut
Sacramenta quomodolibet administrare ullo modo valeant, nullisque omnino facultatibus, sive sibi specialim,
sive suis respective Ordinibus, Congregationibus, Institutis et Societatibus, etiam Jesu, hujusmodi generaliter
a Sede praefata concessis, uti possint ; sed quoad eos,
praeter et ultra superius expressas poenas, omnes et
singulae facultates praedictae omnino cessent nulliusque
roboris sint et esse censeantur.

Juramenti praestiti exempla authentica ad S. Sedem
transmittantur. — Omnia autem juramenta hujusmodi
per quoscumque missionarios tam saeculares quam
regulares, in memoratorum sive Commissarii et Visitatoris Apostolici pro tempore existentis, sive Episcoporum aut Vicariorum apostolicorum manibus, sicut
praemittitur, praestanda, postquam subscriptione munita
fuerint, vel saltem authentica illorum exempla, per eosdem Commissarium et Visitatorem apostolicum pro
tempore existentem, Episcopos et Vicarios apostolicos,
ad praefatam Congregationem Cardinalium, quanto
citius fieri poterit, transmittantur.

Même les SUPÉRIEURS sont tenus à PRÊTER ET EXIGER CE SERMENT. — *Quant aux Supérieurs réguliers de chaque Ordre, Congrégation, Institut et Société, même de la Société de Jésus, qui sont maintenant sur les lieux ou qui y seront, ils seront tenus sous les mêmes peines, non seulement de faire le même serment en la forme ci-dessous prescrite et de souscrire le formulaire entre les mains soit du même Commissaire et Visiteur apostolique qui sera alors sur les lieux, soit des Evêques et des Vicaires apostoliques ; mais encore d'exiger respectivement de leurs sujets la prestation du même serment, et d'envoyer au plus tôt des copies authentiques à leurs supérieurs généraux, qui seront obligés de les présenter sans délai à la Congrégation des cardinaux du Saint-Office.*

D'avance le Pape rejette toute exception, dignité, privilège, appel, dispense, nullité, manque d'information, pourvoi, délai, droit d'interprétation, etc., invoqués pour se soustraire à l'obéissance due à la Constitution. — *Ordonnons que cette Constitution, avec tout ce qu'elle contient, quand même ceux dont on a parlé et tous autres, quels qu'ils puissent être, qui ont ou qui*

Superiores curent praemissorum executionem. — *Superiores vero Regulares cujusvis Ordinis, Congregationis, Instituti et Societatis, etiam Jesu, illic nunc et pro tempore existentes, sub eisdem poenis, teneantur non solum idem juramentum in praefatorum sive Commissarii et Visitatoris apostolici pro tempore existentis, sive Episcoporum aut Vicariorum apostolicorum manibus, juxta modum supra praescriptum, praestare ejusque formulae subscribere, sed etiam illius praestationem a suis respective subditis exigere, ac authentica ea super re documenta quamprimum transmittere ad suos respective Superiores generales qui illa memoratae Congregationi Cardinalium statim tradere debebunt.*

Clausulae pro omnimoda Litterarum observantia. — Decreta irritantia. — *Decernentes easdem praesentes Litteras et in eis contenta quaecumque, etiam ex eo quod praedicti et alii quicumque in praemissis interesse habentes seu habere quomodolibet prætendentes, cujusvis status, gradus, ordinis, praeminentiae et dignitatis*

prétendent avoir, de quelque manière que ce soit, intérêt
dans les décisions que nous venons de rapporter, de
quelque état, degré, ordre, prééminence et dignité qu'ils
soient, ou tels que d'ailleurs ils méritent une mention
spéciale et personnelle, n'y auraient été ni appelés, ni
cités, ni entendus; et que les causes pour lesquelles la
présente Constitution est émanée n'auraient pas été
suffisamment déduites, vérifiées et justifiées; ou quelque
autre cause que ce soit, fût-elle même juridique et privi-
légiée, ou sous quelque autre couleur et quelque prétexte
que ce puisse être; ou pour quelque chef même compris
dans le droit, comme serait le chef d'une énorme, très
énorme et totale lésion; ne soit jamais taxée d'aucun
vice de subreption ou d'obreption, ou de nullité, ni de
défaut d'intention de notre part, ni de défaut de consen-
tement des parties intéressées, non plus que d'aucun
autre défaut, quelque grand qu'il soit, quand même
il serait substantiel, et qu'on n'y aurait ni pensé, ni
pu penser, quoiqu'il exigeât qu'on en fît une mention
expresse. Ordonnant aussi que la présente Constitution
ne soit ni attaquée, ni affaiblie, ni invalidée, ni

---

existant, seu alias specifica et individua mentione et
expressione digni, illis non consenserint, nec ad ea
vocati et auditi, causaeque propter quas praesentes
emanarint sufficienter adductae, verificatae et justifi-
catae non fuerint, aut ex alia qualibet, etiam quantumvis
juridica et privilegiata causa, colore, praetextu et capite,
etiam in corpore Juris clauso, etiam enormis, enormis-
simae et totalis laesionis, nullo unquam tempore de
subreptionis vel obreptionis aut nullitatis vitio, seu
intentionis nostrae vel interesse habentium consensu,
aliove, quolibet, etiam quantumvis magno et substan-
tiali ac inexcogitato et inexcogitabili individuamque
expressionem requirente defectu, notari, impugnari,
infringi, invalidari, tractari, in controversiam vocari, aut
ad terminos Juris reduci seu adversus illas aperitionis
Oris, restitutionis in integrum aliudve quodcumque
juris, facti vel gratiae remedium intentari vel impe-
trari, aut impetrato, seu etiam motu, scientia et potestatis plenitudine paribus concesso vel emanato, quem-
piam in judicio vel extra illud uti seu se juvare ullo

rétractée, ni mise en jugement ou rappelée aux termes
du droit, et qu'on ne tente ni n'obtienne aucun moyen
de se pourvoir contre elle par la voie qu'on appelle
ouverture de bouche et de restitution en entier ; ou
qu'on n'ait recours à quelque autre moyen que ce puisse
être, de droit, de fait ou de grâce, ou qu'il ne soit permis
à personne, après avoir obtenu du Saint-Siège ce moyen
qui aurait été accordé par le propre mouvement, science
et pleine puissance apostolique, d'en user et de s'en
aider en aucune façon, soit en jugement, soit hors de
jugement, en sorte que cette Constitution ait toujours sa
stabilité, sa validité et toute sa force pour le temps
présent et à venir, et qu'elle sortisse et ait son plein et
entier effet, nonobstant tous les défauts de droit ou de
fait qu'on pourrait lui opposer et lui objecter, de quelque
manière et pour quelque cause que ce puisse être, sous
prétexte même de quelques privilèges que ce soit qu'on
eût obtenus du Saint-Siège, à l'effet d'empêcher ou de
retarder l'exécution qu'elle doit avoir. Voulant qu'elle
soit inviolablement et immuablement observée par ceux
qu'elle regarde et qu'elle regardera dans tous les temps
à venir, sans qu'on puisse avoir aucun égard à tous et
chacun des empêchements qu'on a apportés jusqu'ici,
ou qu'on pourrait apporter dans la suite, en quelque
manière que ce soit, qui doivent être tous et absolument
et entièrement rejetés. C'est ainsi, et non autrement,
qu'à l'égard de ce qui est décidé ici, nous ordonnons
qu'il soit jugé et prononcé définitivement par tous juges,
tant ordinaires que délégués, même par nos Auditeurs

---

modo posse ; sed ipsas praesentes Litteras semper
firmas, validas et efficaces existere et fore, quibuscumque
juris seu facti defectibus, qui adversus illas, etiam
quorumvis a Sede praefata concessorum privilegiorum
praetextu, ad effectum impediendi seu retardandi earum
executionem, quovis modo seu quavis ex causa opponi
seu objici possent, minime refragantibus, suos plenarios
et integros effectus sortiri et obtinere, easque propterea,
omnibus et singulis quomodolibet allatis seu afferendis
impedimentis penitus et omnino rejectis ac nequaquam
attentis, ab illis, ad quos spectat, et pro tempore quan-
documque spectabit, inviolabiliter et inconcusse obser-
vari ; sicque, et non aliter, in praemissis, per quoscumque

du palais apostolique et par les Cardinaux de la Sainte Eglise romaine, même par les Légats a latere, les Nonces du Saint-Siège, et tous autres de quelque prééminence qu'ils soient, et de quelque autorité qu'ils jouissent à présent et à l'avenir, leur ôtant à tous et à chacun d'eux toute sorte de pouvoir et de faculté de juger et d'interpréter autrement; et s'il arrive que quelqu'un d'entre eux, avec connaissance ou par ignorance, ose entreprendre quelque chose de contraire à ce que nous venons de régler, nous déclarons son jugement nul et de nul effet.

Le Pape annule tous DROITS ACQUIS, Bulle, Concile, Règle, Coutume, Indult, Concordat, Décret contraires à la présente Constitution. — *Nonobstant ce qui vient d'être dit, et en tant que besoin serait, nonobstant notre règle et celle de la Chancellerie apostolique de ne point ôter un droit acquis et autres ordonnances apostoliques générales ou spéciales, ou celles qui auraient été faites dans des conciles universels ou provinciaux, ou dans des assemblées synodales, et celles encore de tous les Ordres, Congrégation, Instituts et Sociétés, même la Société de Jésus, et de quelque Eglise que ce puisse être, et autres statuts, même confirmés par serment, par*

---

judices ordinarios et delegatos, etiam causarum Palatii apostolici Auditores ac ejusdem Sanctae Romanae Ecclesiae Cardinales, etiam de latere Legatos et praefatae Sedis Nuncios aliosve quoslibet, quacumque praeeminentia et potestate fungentes et functuros, sublata eis et eorum cuilibet quavis aliter judicandi et interpretandi facultate et auctoritate, judicari et definiri debere; ac irritum et inane, si secus super his a quoquam quavis auctoritate scienter vel ignoranter contigerit attentari.

Derogationes amplissimae. — Non obstantibus praemissis et quatenus opus sit, nostra et Cancellariae apostolicae regula de jure quaesito non tollendo, aliisque apostolicis ac in universalibus provincialibusque et synodalibus Conciliis editis generalibus vel specialibus constitutionibus et ordinationibus, necnon quorumcumque Ordinum, Congregationum, Institutorum et Societatum, etiam Jesu, ac quarumvis Ecclesiarum, et aliis quibuslibet, etiam juramento, confirmatione apostolica vel quavis firmitate alia roboratis statutis et consuetu-

autorité apostolique, ou de quelque autre manière que ce soit, coutumes et prescriptions, quelque anciennes et immémoriales qu'elles soient, privilèges, indults et lettres apostoliques accordés par le Saint-Siège aux Ordres, Congrégations, Instituts, Sociétés, même à la Société de Jésus, et aux Eglises dont nous avons parlé, ou à telles personnes que ce soit, quelque élevées et quelque dignes qu'elles puissent être que le Saint-Siège en fasse une mention très spéciale ; accordés, dis-je, pour quelque chose que ce soit, même par voie de contrat et de récompense, sous quelque teneur ou forme de paroles que ces concessions soient conçues, et quelques clauses qu'elles renferment, fussent-elles dérogatoires des dérogatoires, et autres plus efficaces et insolites, ou inusitées et irritantes ; et autres décrets semblables, donnés même par le propre mouvement, science et pleine puissance, ou à l'instance de quelques personnes que ce soit, même distinguées par la dignité impériale, royale ou autre qu'elle puisse être, séculière ou ecclésiastique, ou à leur considération, ou de quelque autre manière que ce soit, dès que ces concessions se trouvent contraires à ce qui est ordonné et établi par notre présente Constitution, quand même elles auraient été rendues, faites, plusieurs fois réitérées et approuvées, confirmées et renouvelées à un très grand nombre de reprises.

---

dinibus ac praescriptionibus quantumcumque longissimis, et immemorabilibus, Privilegiis quoque, indultis et Litteris apostolicis, Ordinibus, Congregationibus, Institutis et Societatibus, etiam Jesu, ac Ecclesiis praedictis, aliisve quibuslibet personis, etiam quantumvis sublimibus et specialissima mentione dignis, a Sede praedicta ex quacumque causa, etiam per viam contractus et remunerationis, sub quibuscumque verborum tenoribus et formis, ac cum quibusvis, etiam derogatoriarum derogatoriis aliisque efficacioribus, efficacissimis et insolitis clausulis, irritantibusque et aliis decretis, etiam motu, scientia et potestatis plenitudine similibus, seu ad quarumcumque personarum, etiam imperiali, regali aliave qualibet mundana vel ecclesiastica dignitate fulgentium instantiam, aut earum contemplatione, seu alias quomodolibet in contrarium praemissorum concessis, editis, factis ac pluries iteratis, ac quantiscumque

A toutes ces choses et à chacune d'elles, quoique pour y déroger suffisamment et à tout ce qu'elles contiennent, il fût nécessaire d'en faire une mention spéciale, spécifique, expresse et individuelle, et mot à mot, et non par des clauses générales équivalentes, ou de se servir de quelque forme singulière et recherchée ; tenant ces sortes de clauses pour pleinement et suffisamment exprimées et insérées dans la présente Constitution, de même que si elles y étaient exprimées et insérées en effet, mot pour mot, sans qu'il y eût rien d'omis, et dans la même forme qu'elles ont en elles-mêmes, Nous y dérogeons spécialement et expressément, et voulons qu'il y soit dérogé, ainsi qu'à toutes les autres choses contraires, quelles qu'elles soient, pour l'effet des présentes, et pour cette fois seulement, consentant d'ailleurs qu'elles demeurent dans leur force et dans leur vigueur.

FORMULE DU SERMENT CONTRE LES RITES. — *Voici le formulaire du* SERMENT *qui, comme on l'a dit,* DOIT ÊTRE FAIT :

« Je N., missionnaire envoyé, ou destiné, à la Chine, ou au royaume de N., ou à la province de N., par le Saint-Siège, ou par mes Supérieurs suivant les

---

vicibus approbatis confirmatisve et innovatis. Quibus omnibus et singulis, etiamsi pro illorum sufficienti derogatione, de illis eorumque totis tenoribus specialis, specifica, expressa et individua, ac de verbo ad verbum non autem per clausulas generales idem importantes. mentio seu quacvis alia expressio habenda, aut aliqua alia exquisita forma ad hoc servanda foret, tenores hujusmodi, ac si de verbo ad verbum, nihil penitus omisso et forma in illis tradita observata, exprimerentur et insererentur, praesentibus pro plene et sufficienter expressis et insertis habentes, illis alias in suo robore permansuris, ad praemissorum effectum hac vice dumtaxat specialiter et expresse derogamus et derogatum esse volumus, caeterisque contrariis quibuscumque.

Formula Juramenti a Missionariis praestandi. — Formula autem juramenti, sicut praemittitur, praestandi est quae sequitur, videlicet : « Ego N. missionarius ad Sinas, vel ad Regnum N., vel ad Provinciam N., *a Sede Apostolica vel a Superioribus meis, juxta facultates eis a Sede Apostolica concessas, missus vel desti-*

pouvoirs que le Saint-Siège leur a accordés, j'obéirai pleinement et fidèlement au précepte et commandement apostolique touchant les cultes et cérémonies de la Chine, renfermé dans la Constitution que N. S. P. le Pape Clément XI a faite sur ce sujet, où la forme du présent serment est prescrite, et à moi parfaitement connue par la lecture que j'ai faite en entier de la même Constitution, et l'observerai exactement, absolument et inviolablement, et l'accomplirai sans aucune tergiversation. Que si en quelque manière que ce soit (ce qu'à Dieu ne plaise !) j'y contreviens, toutes les fois que cela arrivera, je me reconnais et me déclare sujet aux peines portées par la même Constitution. Je le promets, je le voue et je le jure de la sorte en touchant les saints Evangiles. Qu'ainsi Dieu me soit en aide et ces saints Evangiles.

Je, N., de ma propre main. »

Les Supérieurs et les Procureurs Généraux sont tenus de faire connaître cette Bulle à leurs inférieurs. Ceux-ci doivent ajouter foi aux copies même imprimées. — *Au reste, nous voulons et ordonnons expressément que cette présente Constitution, ou des copies qui*

---

natus, praecepto ac mandato apostolico super ritibus et ceremoniis sinensibus in Constitutione Sanctissimi Domini Nostri Domini Clementis Divina Providentia Papae XI hac de re edita, qua praesentis juramenti formula praescripta est contento, ac mihi per integram ejusdem Constitutionis lecturam optime noto, plene ac fideliter parebo, illudque exacte, absolute ac inviolabiliter observabo, et absque ulla tergiversatione adimplebo. Si autem (quod Deus avertat) quoquo modo contravenerim, toties quoties id evenerit, poenis per praedictam Constitutionem impositis me subjectum agnosco et declaro. Ita, tactis sacrosanctis Evangeliis, promitto, voveo et juro. Sic me Deus adjuvet, et haec Sancta Dei Evangelia. » *Ego N. manu propria.*

Praeceptum de Litterarum intimatione, transmissione et executione. — *Caeterum volumus et expresse mandamus, ut eaedem praesentes Litterae seu earum exempla, etiam impressa, notificentur, intimentur monibus et singulis memoratorum Ordinum, Congre-*

en seront faites, même celles qui seront imprimées, soient notifiées et intimées à tous les Supérieurs généraux, et à chacun des Ordres ci-dessus nommés, des Congrégations, des Instituts et des Sociétés, même de la Compagnie de Jésus, afin que ces supérieurs et procureurs, tant en leur nom qu'au nom de leurs sujets ou inférieurs respectivement promettent d'exécuter et d'observer la même Constitution, et donnent par écrit acte de leurs promesses et qu'ils envoient le plus tôt qu'il se pourra, par plusieurs voies, ces copies à leurs sujets ou inférieurs, qui sont ou seront en Chine et dans les autres royaumes et provinces dont il a été fait mention, en leur enjoignant très étroitement d'exécuter et d'observer pleinement, entièrement, véritablement, réellement et effectivement en toutes choses, sans manquer à aucune, cette Constitution et tout ce qu'elle renferme. Et parce qu'il serait difficile d'exhiber et de publier partout des originaux de cette Constitution, nous voulons et ordonnons semblablement qu'on ajoute en tous lieux, tant en jugement que hors de jugement, la même foi aux copies même imprimées, qui en auront été souscrites de la main de quelque notaire public et scellées du sceau de quelque personne constituée en dignité ecclésiastique, qu'on aurait

---

gationum, Institutorum et Societatum, etiam Jesu, Superioribus Generalibus et Procuratoribus Generalibus, ad hoc ut tam suo quam praedictorum eis respective subditorum seu inferiorum nomine, ipsas Litteras fideliter exequi et observare spondeant, actumque sponsionis hujusmodi in scriptis reddant ; earum vero exempla praedicta pluribus viis, quanto citius fieri poterit, transmittant ad eosdem suos subditos seu inferiores in Sinis aliisque regnis et provinciis supradictis degentes, cum arctissimis praeceptis easdem Litteras et in eis contenta quaecumque plenarie et integre ac vere, realiter et cum effectu in omnibus et per omnia similiter exequendi et observandi.

Exemplorum auctoritas. — Quia vero difficile foret Litteras hujusmodi originales ubique ostendi et publicari, volumus pariter et decernimus illarum transumptis seu exemplis, etiam impressis, manu alicujus Notarii publici subscriptis et sigillo personae in ecclesiastica dignitate constitutae munitis, eamdem

pour l'original de la même Constitution, s'il était exhib et montré.

Donné à Rome, à Sainte-Marie-Majeure, sous l'anneau du Pêcheur, le dix-neuvième jour de mars 1715, la quinzième année de notre Pontificat.

F. OLIVIERI.

S'appuyant sur le titre « précepte » de la bulle, et sur les permissions de Mgr Mezzabarba, les partisans des rites se dérobent encore. — 11. Clément XI ayant publié d'une manière si solennelle cette Constitution apostolique où il déclarait avoir mis fin à la controverse, il paraissait juste et raisonnable que ceux qui font profession d'un souverain respect pour l'autorité du Saint-Siège, se conformassent entièrement à son jugement avec un esprit humble et soumis et n'eussent plus à chercher des chicanes. Néanmoins, des hommes désobéissants et artificieux s'imaginèrent pouvoir éluder l'exacte observance de cette même Constitution, par la raison qu'elle porte le titre de « pré-

---

prorsus fidem tam in judicio quam extra illud, ubique locorum haberi quae haberetur ipsis praesentibus, si forent exhibitae vel ostensae.

Dat. die 19 martii 1715. — *Datum Romae apud Sanctam Mariam Majorem sub annulo Piscatoris die 19 martii 1715, pontificatus Nostri anno decimoquinto.*

F. OLIVERIUS.

Ejus quoque Constitutionis observantia eluditur. — Praesertim ob permissiones publicatas a Patriarcha Alexandrino. — 11. Per Constitutionem apostolicam adeo solemnem, qua Clemens Papa XI se huic controversiae finem dedisse testatur, justum et aequum videbatur, eos qui Sanctae Sedis authoritatem sese quam maxime revereri profitentur, humili et obsequenti animo illius judicio semet omnino subjicere nec ulterius quicquam cavillari. Nihilominus inobedientes et captiosi homines exactam ejusdem Constitutionis observantiam se effugere

cepte », disant qu'elle n'avait que la valeur d'un
précepte purement ecclésiastique et non celle d'une
loi indissoluble, et encore parce qu'ils la croyaient
énervée par certaines permissions touchant ces
rites chinois, publiées par Charles-Antoine Mezzabarba, Patriarche d'Alexandrie, lorsqu'il était Commissaire et Visiteur général apostolique dans ces
contrées.

**Benoît XIV confirme absolument la Cons-
titution clémentine.** — 12. Nous donc, voyant
que cette Constitution regarde la pureté du culte
chrétien, qu'elle a pour but de le conserver exempt
de toute tache de superstition, nous ne pouvons
tolérer en aucune manière qu'il se trouve quelqu'un
qui ose lui résister ou la mépriser, comme si elle ne
renfermait pas une suprême décision du Siège apostolique et que la matière qu'elle traite ne regardât
pas la religion, mais une chose indifférente en elle-
même ou un point de discipline variable. C'est
pourquoi, voulant faire usage de l'autorité à nous

---

posse putarunt, ea ratione quod illa *Praecepti* titulum
praefert, quasi vero non indissolubilis legis, sed
praecepti mere ecclesiastici vim haberet; tum etiam
quod illam debilitatam existimarent ex Permissionibus quibusdam, quas super iisdem sinensibus ritibus
publicavit Carolus Ambrosius Mediobarbus, patriarcha
alexandrinus, cum Commissarium et Visitatorem
generalem apostolicum in iis regionibus ageret.

**Pontifex praeinsertam Constitutionem amplis-
sime confirmat.** — 12. Nos igitur animadvertentes
praedictam Constitutionem christiani cultus puritatem respicere, quem illa ab omni superstitionis
labe immunem servare contendit, nullo modo ferre
possumus quemquam existere qui eidem repugnare
temere audeat aut contemnere, perinde ac ipsa Supremam Apostolicae Sedis decisionem non contineret,
et id de quo agitur non ad Religionem spectaret,
sed quid per se indifferens foret aut quaedam varia-

confiée par le Dieu tout-puissant pour la conserver
entièrement dans toute sa vigueur, de la plénitude
de cette même autorité, non seulement nous l'approuvons et confirmons, mais encore autant que nous
pouvons, nous y ajoutons toute vigueur et fermeté
pour la corroborer et affermir de plus en plus, et
nous affirmons et déclarons qu'elle a en elle-même
la pleine et absolue autorité d'une Constitution apostolique.

Origine des huit permissions. — 13. Quant
aux permissions à l'ombre desquelles quelques-uns
s'efforcent d'infirmer la force de la susdite Constitution, elles doivent leur origine à certaines réponses
que deux hommes qui avaient autrefois habité la Chine, firent à quelques questions proposées par
certains missionnaires touchant l'exécution et la
pratique de cette même Constitution apostolique.
Ces réponses donc, ainsi que les doutes soumis,
mais sans que rien indiquât qu'elles avaient l'approbation du Souverain Pontife ni qu'il prétendît rien

---

bilis disciplinae ratio. Proinde auctoritate ab omni-
potenti Deo Nobis tradita uti volentes, ad illam
in suo robore omnino servandam, de authoritatis
ejusdem plenitudine, non modo eam approbamus et
confirmamus, sed etiam, quantum possumus, omnem
vim et firmitatem, ad illam magis magisque roboran-
dam ac stabiliendam adjicimus, eamque in se plenam
ac omnimodam apostolicae Constitutionis auctoritatem
habere dicimus et declaramus.

**Exponit quid causam dederit memoratis per-
missionibus. — 13.** Permissiones autem, quarum
obtentu aliqui praedictae Constitutionis robur infringere conantur, originem duxerunt a responsionibus
quibusdam, quas duo viri, qui jampridem in Sinarum
regno fuerant, ad quaesita nonnulla dederunt quae
uper ejusdem Constitutionis apostolicae executione
ac praxi missionarii quidam proposuerant. Responsiones itaque hujusmodi, una cum dubiis illis, nullo

ajouter de lui-même, furent transmises au Patriarche d'Alexandrie pour lui servir d'instruction et pour qu'il en fît usage suivant les circonstances des choses et du temps. Le Siège Apostolique cependant demeurait dans son plein droit d'approuver ces réponses si elles se trouvaient conformes à ladite Constitution, ou de les révoquer si elles y étaient contraires en quelque point.

14. A peine entré dans l'empire de la Chine, le Patriarche d'Alexandrie se trouva dans des difficultés telles qu'il fût forcé de publier non pas les réponses mêmes que ces deux hommes avaient faites aux questions proposées, mais bien huit permissions qui avaient été déduites de ces réponses. Ce même Patriarche inséra ces permissions dans la Lettre pastorale dont la teneur suit :

15. Charles-Ambroise MEZZABARBA, par la grâce de Dieu et du Saint-Siège apostolique, Patriarche

---

tamen Romani Pontificis sive approbantis sive aliquid de suo addentis indicio, transmissae fuerunt ad praefatum Patriarcham alexandrinum, ejus animi instruendi causa, utque illis uteretur, prout circumstantiae rerum ac temporis postularent : integro tamen remanente Apostolicae Sedis jure eas comprobandi, vel etiam revocandi, si quando conformes aut repugnantes Constitutionis praefatae decretis ullo modo compertae forent.

Factum patriarchae Alexandrini. — 14. Vix Sinarum regnum Patriarcha alexandrinus ingressus, in iis angustiis se positum intellexerit, ut coactus fuerit in publicum emittere, non quidem Responsiones quas praememorati duo viri ad proposita praesita dederant, bene vero permissiones octo, quae ab illis fuerant deductae, atque inde ab eodem Patriarcha in pastorali sua Epistola insertae, cujus tenor est uti sequitur :

Tenor Epistolae pastoralis. — 15. *Carolus Ambrosius Mediobarbus, Dei et Apostolicae Sedis*

d'Alexandrie, Commissaire apostolique, et Visiteur général dans l'empire de la Chine et les Royaumes adjacents, avec les pouvoirs de Légat *a latere*, etc., à tous les Evêques, les Vicaires apostoliques et Missionnaires qui résident dans les pays susdits ;

Salut en Celui qui est le véritable salut de tous.

Béni soit le Père de Notre Seigneur Jésus-Christ, le Père des miséricordes et le Dieu de toute consolation, qui nous console dans nos afflictions, afin que par la consolation que Dieu nous donne nous puissions aussi consoler ceux qui sont accablés de toutes sortes de maux. Nous n'avons rien de plus à cœur, depuis que, par une faveur particulière de la Providence, nous sommes entrés dans la Chine, que de parler bouche à bouche à chacun de ceux qui y travaillent à la vigne du Seigneur. Car nous avons eu un grand désir de vous voir, pour vous faire part de la grâce spirituelle, pour vous affermir dans le bien et pour vous y fortifier, afin qu'étant parmi vous, nous reçussions une consolation mutuelle par la foi qui nous est commune. Mais, parce que nous n'avons pas agi suivant les maximes d'une fausse sagesse, nous avons été obligé de demeurer au milieu de vous avec

---

gratia patriarcha alexandrinus, necnon in Indiis orientalibus ac Sinarum imperio finitimisque regnis et insulis Commissarius et Visitator generalis apostolicus cum facultate Legati de latere, etc... Omnibus Episcopis, Vicariis apostolicis ac missionariis, qui in praedictis partibus degunt, salutem in eo qui est omnium vera salus.

Exordium. — Benedictus Deus et Pater Domini Nostri Jesu Christi, Pater misericordiarum et Deus totius consolationis, qui consolatur nos in omni tribulatione nostra, ut possimus et ipsi consolari eos qui in omni pressura sunt, per exhortationem qua exhortamur et ipsi a Deo. Nil etenim Nobis magis in animo fuit, ex quo in Sinarum imperium, Deo favente, pervenimus, quam cum iis omnibus qui in hac evangelica vinea laborant os ad os loqui. Desideravimus enim videre vos, ut aliquid impertiremur vobis gratiae spiritualis ad confirmandum vos, idest simul consolari in vobis per eam quae invicem est fidem vestram atque meam. Verum quia non sapientiam hujus sæculi locuti fuimus,

crainte et avec tremblement, persuadé qu'il était à propos, pour calmer la tempête qui menaçait les ouvriers de l'Evangile, de nous laisser jeter dans la mer, afin que vous ne fussiez plus dans l'agitation ; content, pour tout ce qui nous regarde, de mettre notre confiance en Celui qui nous a fait trouver un chemin dans la mer et un sentier au travers de l'inondation des torrents. Jésus-Christ nous est témoin que nous disons la vérité. Nous ne mentons point, et notre conscience nous rend témoignage par le Saint-Esprit que nous sentons dans notre cœur une douleur continuelle de n'avoir pu vous consoler par notre présence, pour faire parmi vous quelque fruit, comme aussi parmi les nations. Mais ce que les conjonctures peu favorables ne nous ont pas permis de faire par nous-même, il nous est libre aujourd'hui de l'exécuter par notre lettre.

Premièrement, nous rendons grâce à Dieu par Jésus-Christ pour vous tous, qui, par la ferveur et le courage qui vous est donné par le Saint-Esprit, exercez votre ministère selon la règle des décisions de celui à qui Jésus-Christ a dit : « Paissez mes brebis », et à qui ont

---

in timore et tremore multo fuimus apud vos, satiusque duximus ad sedandam tempestatem adversus evangelicos operarios ingruentem Nos in mare projicere, ut vos jactari sinatis. Adjutor noster nunc et erit ille Deus, qui dedit Nobis in mari viam et in aquis torrentibus semitam. Veritatem dicimus in Christo, non mentimur, testimonium Nobis perhibente conscientia nostra in Spiritu Sancto ; quoniam tristitia Nobis magna est, et continuus dolor adhaeret cordi nostro, quod praesentes non potuerimus solari vos, ut fructum aliquem haberemus et in vobis et in caeteris gentibus.

Excitat missionarios ad eorum munus implendum. — At vero, quod non licuit per praesentiam agere, saltem per epistolam non impedimur. Primum quidem gratias agimus Deo nostro per Jesum Christum pro omnibus vobis, qui Spiritu Sancto ferventes et fortes, Sanctae Sedis mandatis rationabile exhibetis ministerium vestrum, jactantes cogitatum in eum cui a Domino, dictum est : Pasce ove meas, cui traditae sunt claves domus David ; si aperit, non est qui claudat, si claudit, non est qui aperiat. Quotquot estis, macte animis, vigilate,

été données les clefs de la maison de David. C'est lui qui ouvre ce que personne ne peut fermer et qui ferme ce que personne ne peut ouvrir. Prenez donc courage qui que vous soyez : veillez et demeurez fermes dans la foi. Agissez avec vigueur ; croissez en force, parce que votre récompense est grande dans le ciel. Remplissez votre ministère : veillez sur vous-mêmes et sur l'instruction des autres. Soyez des lampes qui ne luisent pas moins par les exemples qu'elles sont ardentes par le zèle de la prédication. S'il y en a encore parmi vous qui soient flottants et moins fidèles à leurs devoirs, nous les conjurons tous au nom de Jésus-Christ de revenir au langage commun, de faire cesser la division et de se réunir avec les autres dans un même esprit et dans les mêmes sentiments, afin que ne vous jugeant plus les uns les autres, chacun se soumette avec une sincère humilité aux ordres du Saint-Siège et que votre soumission soit connue de tout le monde.

Les décrets de Notre Saint Père le Pape Clément XI ayant été déjà publiés et ayant acquis toute leur force pour obliger tous et chacun, nous jugeons qu'il n'est pas nécessaire de faire un nouvel acte pour les publier.

---

state in fide, viriliter agite et confortamini, quia merces vestra magna est in coelis. Ministerium vestrum implete, attendite vobis et doctrinae. Lucernae estote, non minus lucentes exemplo ac zelo praedicationis ardentes. Si qui vero adhuc essent haesitantes et in opere non efficaces, obsecramus vos, fratres, per nomen Domini nostri Jesu Christi, ut idipsum dicatis omnes, et non sint in vobis schismata, sitis perfecti in eodem sensu et in eadem sententia. Non amplius invicem judicemus. Unusquisque vestrum pari humilitate ac obedientia Sanctae Sedis mandatis obsequatur, ut vestra obedientia in omnem locum divulgetur.

Profitetur se nihil innovare circa Constitutionem *Ex illa die.* — Non enim opus est ut aliquem actum faciamus ut Sanctissimi Domini Nostri Clementis Papae XI mandata jam promulgata vobis innotescant vimque habeant, ut absque ulla tergiversatione executioni mandentur. Nihil proinde innovamus ; sed relinquimus res prout sunt ; hoc est, nullatenus Constitutionem super ritibus sinicis a Sanctissimo Domino

Ainsi, sans donner des ordres nouveaux, nous croyons devoir laisser les choses dans l'état où nous les avons trouvées. C'est-à-dire que nous ne suspendons en aucune manière la Constitution de Notre Saint-Père le Pape, donnée le 19 mars 1715, et que nous ne permettons en aucun sens ce qu'elle défend. Néanmoins, comme il est à propos de répondre aux doutes de quelques Missionnaires sur les cérémonies qui sont en usage, afin qu'un chacun puisse travailler dans la vigne du Seigneur, avec une entière liberté et sans obstacle, autant qu'il dépend de nous, nous avons jugé à propos de marquer ce qui peut se permettre, ce que nous n'aurions pas manqué de déclarer à chacun en particulier, sans en venir à une déclaration authentique, si les faux bruits qu'on a répandus ne nous avaient obligé d'avoir recours au remède d'une instruction solennelle et publique, pour rendre le calme aux ouvriers fidèles, alarmés par des rapports aussi contraires à la Religion qu'à la vérité des événements. Par là, délivrés des doutes qu'on s'était efforcé de répandre de tous côtés pour arrêter votre zèle, vous n'aurez plus d'autre objet dans vos travaux que d'abolir les faux cultes du paganisme et d'introduire parmi les fidèles les cérémonies que l'Eglise Catholique a établies avec tant de sagesse.

On permet donc aux Chrétiens chinois : 1° De se servir dans leurs maisons des Tablettes, où l'on a écrit le nom de ceux qu'elles représentent, à condition qu'on

---

Nostro Clemente Papa XI, die 19 martii 1715 emanatam suspendimus, aut quae in ea vetantur permittimus.
— Ratio edendarum permissionum. — Ob aliqua tamen quibusdam missionariis circa quasdam ceremonias peragi consuetas suborta dubia, ut quilibet in vinea Domini strenue ac viriliter laborare queat, nonnulla adnotamus quae permitti poterunt : quae et separatim unicuique secundum quaesita dedissemus, nisi compertum Nobis esset una cum incertis nuntiis jam disseminata proborum animos et Christifideles bonae voluntatis non parum perturbasse. Omni igitur quo poteritis studio ac diligentia curare debetis, ut Gentium ceremoniis penitus sublatis, illi sensim a Christianis et pro Christianis usu recipiantur ritus quos catholica Ecclesia pie praescripsit.

aura la précaution de marquer à côté de la Tablette une déclaration de foi des Chrétiens sur l'état de l'âme des défunts et qu'on retranchera ce qui sent la superstition ou qui pourrait être un sujet de scandale;

2° On permet toutes les cérémonies de la nation chinoise, à l'égard des ancêtres, qui ne sont ni superstitieuses ni suspectes de superstition;

3° On permet le culte de Confucius qui n'est pas superstitieux, mais purement civil, et l'usage du Tableau de ce philosophe, pourvu qu'on en ait retranché l'inscription ordinaire et qu'on y ait mis la déclaration qui marque la foi de l'Eglise. On permet d'allumer devant ce tableau, ainsi corrigé, des bougies, de brûler des parfums et de mettre sur une table des viandes, des fruits et des confitures;

4° On permet les révérences, les génuflexions, les prostrations devant le tableau corrigé, devant le cercueil ou le corps du défunt;

5° On permet de fournir des parfums et des bougies pour aider à la dépense des funérailles;

6° On permet de garnir une table de viandes, de

Permissiones. — I. Primo. — Permittitur Christianis Sinensibus in suis privatis domibus uti Tabellis defunctorum inscriptis solo nomine defuncti, apposita ad latus declaratione debita, et omissa quacumque superstitione in earum constructione, necnon secluso omni scandalo.

II. Secundo. — Permittuntur omnes ceremoniae nationis sinicae erga defunctos, quae non sunt aut superstitiosae aut suspectae, sed civiles.

III. Tertio. — Permittitur Confucii cultus ille qui civilis est, et etiam ejusdem tabellae purgatae ex litteris et superstitiosa inscriptione, et adjuncta declaratione debita; sicuti permittitur ante ejus tabellam correctam accendi candelas, uri odores, apponi comestibilia.

IV. Quarto. — Permittuntur pro usu et expensis funerum offerri candelas, odores, adjuncta in schedula debita declaratione.

V. Quinto. — Permittuntur reverentiae genuflexionum et prostrationum erga tabellam correctam, aut etiam erga feretrum aut defunctum.

VI. Sexto. — Permittitur praeparari mensas cum

fruits et de confitures devant la Tablette corrigée, avec la déclaration exprimée et les superstitions en étant retranchées, le tout dans la seule vue de donner aux défunts des marques de reconnaissance et de respect;

7° On permet la cérémonie du Ko-Teou (prostration) devant la Tablette corrigée, comme ci-dessus;

8° On permet de brûler des parfums, d'allumer des bougies devant la Tablette corrigée, comme aussi devant le tombeau, pourvu qu'on emploie les précautions marquées.

Ces permissions doivent suffire pour lever les difficultés qui retiennent les ouvriers apostoliques dans l'inaction. Comme ils sont ministres de l'Eglise, qui n'a ni taches ni rides, il est de leur devoir de mettre la main à la charrue et de ne pas regarder derrière eux. Regardez votre vocation, mes Frères; ce ne sont pas ceux qui écoutent la loi, mais ceux qui la mettent en pratique qui sont justes auprès de Dieu. Je vous conjure donc de vivre d'une manière digne de l'état où vous avez été appelés, de conserver avec soin l'unité d'esprit par le lien de la paix.

---

dulciariis, fructibus, carne et cibis usualibus circa aut coram feretro, ubi sit tabella correcta, cum debita declaratione, et omissis superstitiosis, pro quadam honestate tantum et pietate erga defunctos.

VII. Septimo. — Permittitur coram tabella correcta reverentia dicta Ko teu, tum in anno novo sinico, tum in aliis anni temporibus.

VIII. Octavo. — Permittitur coram tabellis reformatis accendi candelas, uri odores cum debitis cautelis, sicuti etiam ante tumulum, ubi pariter collocari possunt cibi, ut supra dictum est, adhibitis cautelis, ut in superioribus.

Operarios ad laborem enixius hortatur. — Apostolici ergo viri Ecclesiam adhibentes non habentem maculam neque rugam, ponant manum suam ad aratrum, nec respiciant retro. Videte fratres vocationem vestram; non enim auditores legis justi sunt apud Deum, sed factores legis justificabuntur. Obsecramus itaque vos ut digne ambuletis vocatione qua vocati estis, solliciti servare unitatem Spiritus in vinculo pacis. Ne diutius agamus secundum potestatem, paterne vos commonere

La sainteté du ministère qui vous a été donné nous inspire la confiance de finir cette instruction par l'avertissement du père de famille, qui était sorti de grand matin pour trouver des ouvriers qui travaillassent à sa vigne : « Pourquoi, dit-il, passez-vous la journée dans l'oisiveté ? Allez-vous-en à ma vigne. » Ces paroles contiennent deux avertissements. Le premier, qui reprend l'oisiveté, est le reproche d'un juge qui nous fera rendre compte du temps qu'il nous donne pour le servir. Le second est l'exhortation d'un père qui réveille notre langueur, pour nous mettre en état de recevoir la récompense.

Choisissez auquel des deux vous voulez vous rendre, au père ou au juge, mais sondez vos forces. N'oubliez pas qu'elles viennent de Dieu et que, quand le prince des pasteurs couronnera vos travaux, il ne couronnera que ses dons. Ne vous laissez pas séduire par de vains discours, qui détournent de la vérité. Sachez que ceux qui, par soumission à la voix qui les appelle, embrasseront les travaux de la vie apostolique, n'auront point de comptes à rendre à Dieu pour le salut d'autrui ; au lieu que ceux qui, sous des prétextes dont Dieu connaît le

---

voluimus per Epistolam. Amabilem illum Patremfamilias, qui exiit primo mane conducere operarios in vineam suam, audite : Quid hic statis tota die otiosi ? Ite et vos in vineam meam. Vocem Patris perpendite, et illam Judicis timete. Ipsi vos probate ; virtus enim Dei erit vobis in auxilium, ac plenam ministerio Verbi Dei functi recipietis mercedem, immarscesbilem nimirum a Pastorum Principe gloriae coronam. Ne quis vos seducat inanibus verbis obedire veritati. Scitote quod obedientes voci ejus qui misit vos, rationem non eritis reddituri pro animabus, sed unusquique vestrum pro se rationem reddet Deo. Quicumque sub diversis praetextibus cessandum sibi putat a ministerio missionarii, laedit animam suam et de alienis aeterno Judici rationem reddet. Quam dabit homo commutationem pro anima sua, et pro alienis ? Deus est vitis vera, vos palmites. Qui non ferent fructus in eum, arescent tanquam palmites ; et collecti et alligati in fasciculos ad comburendum mittentur in caminum ignis inextinguibilis. Respicite Dominum nostrum

faible, cessent de remplir leurs devoirs de missionnaires, blessent mortellement leur âme et doivent rendre compte du salut de leurs frères, qu'ils laissent périr plutôt que de les secourir. Que donnera-t-on à Dieu qui le dédommage de la perte de sa propre âme et de tant d'autres dont on est le meurtrier lorsqu'on refuse d'en être le pasteur? Souvenez-vous que Jésus-Christ est la vigne et que nous en sommes les pampres. Ceux qui ne porteront point de fruits seront coupés, desséchés et liés en faisceaux pour être jetés au feu qui ne s'éteindra jamais. Le Sauveur ne trouvant sur un figuier, lorsqu'il passait, que des feuilles inutiles et sans fruits, le frappa de la malédiction qui fit perdre la vie à cet arbre et qui le dessécha. Que ne doivent pas attendre les pampres de la vigne, qui au lieu de donner des fruits sont devenus amers et n'ont porté depuis longtemps que des épines au lieu de raisins? Le serviteur inutile est condamné à être jeté pieds et mains liés dans les ténèbres extérieures. Faisons attention aux paroles que Dieu nous adresse par son serviteur : Revenez à votre Dieu de tout votre cœur. Demeurez en lui, et lui demeurant en vous, il vous donnera un cœur nouveau, un cœur pur et droit, pour vous faire porter des fruits capables de nourrir toutes les nations de l'Orient.

Après ces avis que Dieu nous a inspiré de vous

Jesum Christum secus viam ambulantem, qui in fici arbore nihil invenit nisi folia tantum, et ait illi : Numquam ex te nascantur fructus in sempiternum. Si aliqui palmites jamdiu conversi in amaritudinem, qui expectabantur ut tandem facerent uvas, spinas super spinas adjecissent, vae, vae a die irae, a die furoris et indignationis Domini ! Attendite ad verba, quae mandat vobis per servum suum Dominus adhuc misericors. Revertimini ad Deum vestrum, manete in eo, qui manens in vobis purgabit vos, et desideratos cunctis gentibus fructus afferetis. Apostolico satisfecisse nos muneri judicamus ; non enim subterfugimus, quominus annuntiaremus omne consilium Dei vobis, ut nullam excusationem habeatis de peccatis vestris. De caetero quotquot eritis obedientes, fratres, gaudete, perfecti estote, exhortamini, idem sapite, pacem habete, et Deus pacis et dilectionis erit vobiscum.

donner, nous croyons avoir rempli les devoirs de notre ministère apostolique, autant que les conjonctures l'ont pu permettre ; car nous n'avons jamais refusé de vous instruire de tous les desseins de Dieu ; en sorte que vous ne pouvez pas vous plaindre de notre négligence à vous les faire connaître. Voilà ce que j'ai à dire à ceux qui ont persisté dans leur désobéissance. Pour vous, mes chers Frères en Jésus-Christ, qui vous êtes soutenus dans la soumission au Saint-Siège, malgré les assauts qu'on a donnés pour vous ébranler, continuez à défendre l'Eglise, à vous tenir fortement attachés à la vérité, à rendre votre joie parfaite, en vous avançant dans la vertu. Soutenez-vous les uns les autres par des exemples de courage et de magnanimité sacerdotale, par des paroles enflammées qui portent la vigueur et la charité dans les cœurs, et par ce moyen le Dieu de paix et de consolation sera avec nous.

Comme on ne doit point publier cette instruction pastorale aux néophytes, à qui elle n'est pas nécessaire pour les affermir dans l'obéissance qu'ils doivent aux décisions apostoliques, et qu'il suffit qu'on les fasse marcher dans la voie du salut en leur faisant suivre les règles qui leur sont prescrites dans la Constitution, nous défendons, sous peine d'excommunication encourue par le seul fait, réservée à nous et au Souverain Pontife,

---

Prohibet versionem et publicationem Epistolae, sub censuris et poenis, addita causa, et praescripto prudenti permissionum usu. — Dat. Macai die 4 nov. 1721. — Cum vero ad promovendam in neophitis debitam Decretis apostolicis obedientiam, praesentium nostrarum Litterarum notitiam iisdem neophitis, minime necessariam esse, sed satis esse eos in viam salutis dirigere juxta pontificiae Constitutionis praescripta, compertum sit ; ne quis eorum, ad quos praesentes Literae directae sunt, cujuscumque Ordinis aut Instituti vel Congregationis fuerit, aut Societatis etiam Jesu, praesentes Litteras, aut quae in eis continentur (exceptis permissionibus, quae quidem caute, et ubi necessitas tantum, aut utilitas postulaverit, patefaciendae erunt) sive directe, sive indirecte per se, vel per alium voce tenus aut scripto in linguam tartaram aut sinicam vertant, aut quocumque modo cuilibet qui missionarius

*comme aussi de privation de voix active et passive pour
les réguliers, de traduire cette instruction en langue
chinoise ou tartare et d'en faire connaître le contenu
à d'autres qu'aux missionnaires, excepté les permissions
qu'on pourra faire connaître, quoiqu'avec prudence, et
lorsque la nécessité le demandera. Et les défenses que
nous faisons par ces présentes regardent et obligent tous
et chacun de ceux qui les auront lues, de quelque Ordre,
Institut et Congrégation qu'ils soient, même de la
Société de Jésus; le tout en vertu de la sainte obéissance,
et sous les peines susdites qui seront encourues par le
seul fait, sans autre déclaration.*

*Donné à Macao, au palais de notre résidence, le
4 de novembre 1721.*

CHARLES-AMBROISE,
Patriarche d'Alexandrie,
Commiss. et Visiteur gén. apostolique.

Ces permissions devaient rester secrètes. —
16. Dans cette lettre pastorale, le Patriarche
d'Alexandrie avait fait connaître ses sentiments
avec assez de prudence, en disant qu'il n'était pas
nécessaire d'en donner connaissance aux néophytes
pour leur inspirer la vénération et la pratique des
décisions pontificales, puisqu'il suffisait de la Constitution du Souverain Pontife pour les conduire

---

*non sit nota faciat, sub poena excommunicationis
latae sententiae, a qua nonnisi a Nobis aut a Summo
Pontifice (praeterquam in articulo mortis constitutus)
absolvi possit, et quoad regulares etiam privationis
vocis activae et passivae, poenis contrafacientes ipso
facto absque alia declaratione incurrendis, tenore
praesentium vetamus et in virtute sanctae obediendiae
prohibemus. — Datum Macai in palatio nostrae Resi-
dentiae die 4 novembris anno 1721.*

**Quid sentiendum de facto patriarchae Alex.
ex ipsius pastoralis sensu. —** 16. Cum autem
Patriarcha alexandrinus in praeallata Pastorali mentem suam satis prudenter explicuisset, nimirum pastoralis hujus suae Epistolae notitia opus non esse

dans la voie du salut. En outre, il interdisait à tous et à chacun, sous peine d'excommunication *ipso facto*, de traduire sa lettre en chinois ou en tartare, ou de la montrer à qui que ce fût s'il n'était missionnaire. Relativement aux permissions, il avait statué qu'on ne devait les divulguer qu'avec précaution et seulement lorsque la nécessité ou l'utilité l'exigeraient ; d'après une telle manière de procéder, chacun de ceux à qui cette prière était adressée pouvait clairement inférer dans quelles angoisses, quelles incertitudes s'était trouvé le Patriarche en proposant ces permissions ; en sorte que la nécessité l'avait contraint de s'accommoder du temps et du lieu. Tout cela porte à croire qu'il n'aurait pas eu ces ménagements s'il avait pu librement discuter la chose avec les évêques et d'autres personnages instruits, qui n'auraient eu devant les yeux que la pureté du culte chrétien et l'observance de la Constitution apostolique.

---

ad promovendam in neophitis erga pontificia Decreta venerationem et observantiam, cum satis esset ut juxta Constitutionis pontificiae mandata in via salutis dirigerentur ; praeterea cum omnibus et quibuscumque interdictum voluisset, sub poena quoque excommunicationis latae sententiae, ne quis illam in sinensem aut in tartaricum sermonem verteret, aut cuiquam qui missionarius non esset eam palam feceret ; de Permissionibus autem cum statuisset, nonnisi caute et ubi tantum utilitas vel necessitas id postularet, esse evulgandas : profecto omnis, ad quem Pastoralis illa dirigebatur, ex tali procedendi modo haud obscure inferre debebat, quantis ille animi angustiis obsessus, et quam anceps ac perplexus in Permissionibus hujusmodi proponendis extitisset ; adeo ut oeconomia quadam usus fuisset ad loci et temporis circumstantias prorsus necessaria : a qua putandum est eum recessurum fuisse, si libertas sibi data esset rem discutiendi cum Episcopis aliisque doctis viris qui nihil aliud quam Christiani cultus puritatem et apostolicae Constitutionis observantiam ante oculos haberent.

L'évêque de Pékin publie ces permissions et en impose l'obligation par deux lettres pastorales. — 17. Mais voilà que ces permissions furent publiées contre la volonté expresse du Patriarche ; et ce qu'il y a de plus étonnant, l'Evêque de Pékin ordonna par deux lettres pastorales, sous peine d'excommunication, sous peine de suspense *ipso facto*, à tous les missionnaires de son diocèse, d'observer et de faire observer la Constitution *Ex illâ die*, s'autorisant des permissions qu'il soutenait se rapporter principalement aux choses qui avaient été solennellement interdites dans cette Constitution. Il ordonna en outre que tous les fidèles, quatre fois dans l'année, aux fêtes les plus solennelles, fussent instruits, soit des choses interdites par la Constitution apostolique, soit de celles qui étaient permises par la lettre pastorale du Patriarche d'Alexandrie.

Condamnation des deux lettres pastorales par Clément XII. — 18. Aussi Clément XII, notre prédécesseur, ne pouvant tolérer patiemment

---

Permissionum abusus earumque divulgatio ab episcopo pekinensi facta. — 17. At Permissiones illae contra expressam adeo Patriarchae ipsius voluntatem evulgatae, et quod mirum Pekini Episcopus per binas suas Pastorales mandavit sub poena suspensionis ipso facto incurrendae universis diocesis suae missionariis ut observarent et observari praeciperent Constitutionem *Ex illa die* juxta Permissiones, quas ipse contendebat ad ea potissimum referri quae in praecitata Constitutione fuerant solenniter interdicta. Praecepit insuper ut Christifideles quater singulis annis in diebus omnium celeberrimis distincte instruerentur cum iis quae Constitutione apostolica prohibentur, tum iis quae a Patriarchae alexandrini pastorali permittuntur.

Quae damnatur a Clemente XII. — 18. Enimvero Clemens Papa XII, praedecessor noster tam audax Episcopi pekinensis factum aequo animo

le fait si audacieux de l'Evêque de Pékin, jugea qu'il était de son devoir de condamner ces deux lettres et de les réprouver absolument par le Bref apostolique qu'il publia en 1735. Dans ce Bref, il se réserva à lui-même et au Saint-Siège le pouvoir de déclarer aux chrétiens chinois ses sentiments et ceux du Saint-Siège sur ces questions et toutes les autres qui se rapportent à cette matière.

Voici la teneur de ce Bref :

Révocation, cassation et annulation de deux lettres pastorales de François, évêque de Pékin, de bonne mémoire, mort dernièrement, en date du 6 juillet et du 24 décembre 1733, sur les Rites chinois.

CLÉMENT XII, Pape. — Pour en transmettre le souvenir à la postérité.

Le compte que nous avons à rendre de la sollicitude apostolique qui nous a été confiée de la part de Dieu, nous oblige à nous appliquer à retrancher et à ôter, autant qu'il nous est donné d'en haut, tout ce que nous connaissons être obstacle à la propagation et à l'accrois-sement de la Religion chrétienne et de la foi catholique.

Il est parvenu à notre connaissance apostolique qu'à l'occasion de deux lettres nommées pastorales de Fran-çois, de bonne mémoire, qui de son vivant était évêque

---

ferre haud potens, muneri suo maxime interesse judicavit binas illas Epistolas damnare ac penitus reprobare apostolico Brevi, quod anno 1735 promul-gavit : in quo sibi ac Sanctae Sedi facultatem reser-vavit declarandi sinensibus christianis mentem suam et ejusdem Sanctae Sedis sententiam in iis aliisque quae ad materiam hujusmodi spectarent. Praefatum autem Breve est tenoris sequentis :

Tenor brevis hac de re editi. — 19. *Clementis Papae XII, revocatio, annullatio et cassatio duarum Epistolarum Pastoralium bonæ memoriæ Francisci Episcopi Pekinensis nuper defuncti, die VI julii et die XXIII decembris MDCCXXXIII circa ritus sinenses editarum.*

Epistolarum Episcopi Pekinen. perniciosus effectus. — Eaedem cassantur et irritantur. — Reservatur

de Pékin, mort récemment, données sur les Rites chinois le 6 juillet et le 23 décembre 1733, de graves discussions s'étaient elevées dans l'Empire chinois entre les missionnaires de ces pays, lesquelles pouvaient empêcher et retarder les fruits abondants que notre sainte mère l'Eglise attend du travail assidu des ouvriers apostoliques envoyés dans cette partie du champ du Seigneur. C'est pourquoi, Nous, pour ramener parmi ces missionnaires l'ancienne paix et la concorde des esprits, en ôtant toutes les dissensions, voulant porter un remède salutaire à ce mal, et par nos présentes, considérant la teneur des susdites lettres et toutes les choses qui demanderaient une mention et une expression spécifique et individuelle comme pleinement et suffisamment exprimées et exactement spécifiées, de l'avis de quelques-uns de nos vénérables frères les Cardinaux de la Sainte

---

facultas aperiendi sensum Apostolicae Sedis. — Clemens Papa XII ad perpetuam rei memoriam. Apostolicae sollicitudinis Nobis divinitus commissae ratio Nos admonet ut ea quae christianae religionis catholicaeque fidei propagationi ac incrementis quacumque ratione obsistere posse dignoscuntur, quantum Nobis ex alto conceditur, recidere ac e medio tollere studeamus. Cum itaque, sicut ad Apostolatus nostri notitiam pervenit, occasione binarum Epistolarum quas Pastorales vocant bon. mem. Francisci dum viveret Episcopi pekinen. nuper defuncti, die 6 julii et 23 decembris anni 1733, circa ritus sinenses editarum, graves in imperio Sinarum inter apostolicos illarum partium missionarios exortae fuerint dissensiones, quae uberes fructus quos Sancta Mater Ecclesia ex assiduo operariorum in illam agri dominici partem missorum labore praestolatur impedire aut morari possent; Nos, ut pristina inter eos missionarios pax et animorum concordia, sublatis quibusvis dissidiis, restituatur, de opportuno in praemissis remedio providere volentes, ac Epistolarum praedictarum tenores et alia quaecumque etiam specificam et individuam mentionem et expressionem requirentia, praesentibus pro plene et sufficienter expressis et exacte specificatis habentes, de nonnullorum Venerabilium Fratrum nostrorum Sanctae Romanae Ecclesiae Cardinalium, qui jussu

*Eglise Romaine qui, sur notre ordre, ont soigneusement
et attentivement examiné ces mêmes lettres pastorales,
et aussi de notre propre mouvement et science certaine,
et après mûre délibération, par la plénitude de la puissance apostolique, par la teneur des présentes, nous
déclarons que les deux Lettres pastorales du susdit
François, évêque de Pékin, ainsi que les pièces et tout
le reste qu'elles contiennent, avec toutes et chacune des
choses qui s'en sont suivies et qui, peut-être, pourraient
s'ensuivre, nous le déclarons absolument et entièrement
nul, invalide, cassé, n'étant d'aucune valeur ni importance, et cela à perpétuité ; et néanmoins, pour une
plus grande sûreté, et en tant que besoin en est, de notre
propre mouvement, de science certaine, après mûre
délibération et de la plénitude de notre pouvoir, nous
révoquons à perpétuité, nous cassons, irritons, annu-
lons et abolissons toutes et chacune de ces choses, et
nous voulons qu'elles soient absolument tenues à toujours pour révoquées, cassées, irritées, nulles, invalides
et abolies, privées de toute force et de tout effet. En outre,*

---

*nostro Epistolas ipsas sedulo ac diligenter examinarunt
consilio, ac etiam motu proprio et ex certa scientia et
matura deliberatione nostris, deque Apostolicae potestatis plenitudine, binas memorati Francisci Episcopi
pekinensis Epistolas pastorales praefatas, ac poenas
et alia quaecumque in eis contenta cum omnibus et
singulis inde secutis et forsan quandocumque secuturis,
penitus et omnino nulla, invalida et irrita, nulliusque
prorsus roboris et momenti esse et perpetuo fore tenore
praesentium declaramus : et nihilominus, ad majorem
cautelam et quatenus opus est illa omnia et singula
motu, scientia, deliberatione et potestatis plenitudine
paribus harum serie itidem perpetuo revocamus, cas-
samus, irritamus, annullamus et abolemus, viribusque
et effectu penitus et omnino vacuamus, ac pro revo-
catis, cassatis, irritis, nullis, invalidis et abolitis, viribusque et effectu penitus et omnino vacuis semper haberi
volumus : Nobis insuper et Apostolicae Sedi reservantes
facultatem christifidelibus in eodem regno degentibus
aperiendi nostram et dictae Sedis mentem, post maturam
itidem habitam deliberationem super aliis rebus quae
hujusmodi materiam respiciunt.*

nous nous réservons, et au Siège Apostolique, la faculté d'expliquer aux fidèles de ce royaume, nos sentiments et ceux de ce Siège, après y avoir apporté une mûre délibération, touchant les autres choses qui concernent cette matière.

Nous statuons que nos présentes lettres sont et seront toujours fermes, valides et efficaces, qu'elles sortiront et obtiendront leurs pleins et entiers effets, de la part de tous et chacun à qui il appartient; et principalement qu'elles seront observées invariablement et inébranlablement, par les Archevêques, Evêques, Vicaires, Pro-Vicaires et Missionnaires apostoliques, tant séculiers que réguliers de quelque Ordre, Congrégation, Institut et Société, même celle de Jésus, qui sont et seront dans le susdit royaume; qu'ainsi et non autrement qu'il est marqué ci-dessus, il devra être jugé et défini par tous les juges ordinaires et délégués, même par les auditeurs des causes du Palais apostolique, et par les Cardinaux de la sainte Eglise romaine, même par les Légats et Nonces de ce siège, et par tous autres, quelque prééminence et puissance qu'ils aient ou puissent avoir, leur ôtant à tous et à chacun d'eux en particulier la faculté et l'autorité de juger et interpréter autrement,

---

Clausulae et decreta. — *Decernentes ipsas praesentes Litteras semper firmas, validas et efficaces existere et fore, suosque plenarios et integros effectus sortiri et obtinere, et ab omnibus et singulis ad quos quomodolibet spectat et pro tempore quandocumque spectabit, praesertim vero Archiepiscopis, Episcopis, Vicariis, Pro-Vicariis et Missionariis apostolicis tam saecularibus quam cujusvis Ordinis, Congregationis, Instituti et Societatis, etiam Jesu, regularibus in supradicto Sinarum regno nunc et pro tempore existentibus, inviolabiliter et inconcusse observari; sicque et non aliter in praemissis, per quoscumque judices ordinarios et delegatos, etiam causarum Palatii apostolici auditores ac ejusdem Sanctae Romanae Ecclesiæ Cardinales, etiam de latere Legatos et Sedis praefatae Nuncios aliosve quoslibet, quacumque praeeminentia et potestate fungentes et functuros, sublata eis et eorum cuilibet quavis aliter judicandi et interpretandi facultate et auctoritate, judicari et definiri debere, ac irritum et*

*cassant et annulant tout ce. qui serait fait contre, par
quelque autorité que ce soit, sciemment ou sans le savoir ;
et ce nonobstant tout ce qui serait contraire à nos présentes.*

*Nous voulons qu'on ajoute foi, soit en jugement, soit
hors de là, aux copies ou exemplaires de ces présentes
lettres, même imprimées, pourvu qu'elles soient signees
de la main d'un notaire public et munies du sceau
d'une personne constituée en dignité ecclésiastique,
comme on l'aurait aux présentes originales, si elles
étaient exhibées et montrées.*

Donné à Rome, à Sainte-Marie-Majeure, sous
l'anneau du Pêcheur le 25 septembre 1735, la sixième
année de notre Pontificat.

Cardinal OLIVIERI.

**Nouvel examen de la question par le Pape. —
20.** Ce que le même Pape Clément XII réservait
à lui et au Saint-Siège de déclarer aux chrétiens de
la Chine, était certainement la matière des permissions dont il était pleinement instruit ainsi que des

---

*inane, si secus super his a quoquam quavis auctoritate,
scienter vel ignoranter contigerit attentari. In contrarium facientibus non obstantibus quibuscumque. Volumus autem ut earumdem praesentium Litterarum
transumptis seu exemplis, etiam impressis, manu alicujus Notarii publici subscriptis et sigillo personae in
ecclesiastica dignitate constitutae munitis, eadem prorsus
fides in judicio et extra adhibeatur quae praesentibus
ipsis adhiberetur, si forent exhibitae vel ostensae.*

Dat. die 26 sept. 1725. — *Datum Romae apud
Sanctam Mariam Majorem sub annulo Piscatoris
die XXVI septembris MDCCXXXV, pontificatus
nostri anno sexto.*

F. Card. OLIVERIUS.

**Idem Clemens XII committit examen permis-
sionum Cong. S. Inquisit., auditis missionariis
aliisque. — 20.** Id vero quod idem Pontifex Clemens XII sibi ac Sanctae Sedi christianis sinensibus
declarandum reservavit, erat profecto materia Per
missionum, de quibus certior jam factus fuerat deque

très grandes dissensions qui s'en étaient suivies parmi les missionnaires ; car les uns prétendaient que la Constitution *Ex illa die* perdait toute sa force si ces permissions subsistaient dans la pratique; les autres déclaraient tout haut qu'ils n'étaient plus tenus, sous couleur de permissions, à observer la Constitution suivant les prescriptions qu'elle renferme. C'est pourquoi notre susdit prédécesseur, pour assurer la pureté de la Religion chrétienne qui, dans ces pays, devait être conservée par l'exacte observance de la susdite Constitution, et pour mettre enfin un terme aux controverses de cette nature, soumit toute l'affaire des permissions à un diligent examen, en sorte qu'elle fût mûrement et sérieusement discutée par les théologiens et par les cardinaux de la sainte Église romaine préposés à la Sacrée Inquisition. Mais avant de rendre une sentence définitive, pour arriver à une plus parfaite connaissance du fait, il ordonna d'appeler à l'examen de cette matière, en gardant l'ordre juridique, tous et un chacun des missionnaires de la Chine qui se

---

maxima inde secuta inter missionarios dissensione ; cum alii contenderent Constitutionem *Ex illa die* omnem vim suam amittere, si Permissiones illae in praxi consistant ; alii vero factis palam ostenderent permissionum colore se ad praedictae Constitutionis observantiam minime teneri juxta illa quae in ipsa Constitutione praescribuntur. Itaque praefatus Praedecessor noster, quo christianae religionis puritatem quae in iis regionibus per exactam praememoratae Constitutionis observantiam servanda erat assereret et controversiis istiusmodi finem aliquando imponeret, examini perquam diligenti totum Permissionum negotium commisit, ita ut a Theologis, tum etiam a Sanctae Romanae Ecclesiae Cardinalibus Sacrae Inquisitioni praepositis, mature serioque discuteretur. Antequam vero supremam de illis sententiam pronuntiaret, ad pleniorem facti notitiam obtinendam, omnes et singulos, quotquot in Urbe existerent,

trouveraient dans la ville de Rome, ainsi que plusieurs jeunes gens qui étaient venus de ces contrées en Europe, pour y faire leur éducation et s'instruire de la Religion chrétienne.

Condamnation des huit permissions. — 21. Nous donc, marchant sur les traces de notre prédécesseur et enflammé du même zèle que lui pour la Religion, pour mettre enfin la dernière main à ce grand et important ouvrage qu'il n'avait pu achever, en étant empêché par la mort, nous avons fait examiner devant Nous, avec le plus grand zèle et toute la diligence possible, ces permissions, les prenant chacune en particulier. Nous n'avons pas épargné notre travail, et de plus, nous avons eu recours à la science et aux conseils des cardinaux et des consulteurs de la Sacrée Inquisition ; et enfin nous avons vu clairement que les susdites permissions n'avaient jamais été approuvées par le Saint-

---

Sinarum missionarios, tum etiam complures juvenes qui ex iis regionibus in Europam educationis et christianae rei addiscendae causa venerant, ad examen super his, servato juris ordine, vocari jussit.

Pontifex examen hujusmodi coram se ac resp. per se ipsum absolvit. — Declarat permissiones nunquam a S. Sede approbatas fuisse, immo ejus decisionibus adversari. — 21. Nos igitur Prædecessoris nostri vestigiis insistentes, eodemque Religionis zelo quo ille incensi, ut tanti momenti opus quod ipse morte praeoccupatus absolvere minime potuit, aliquando tandem, Deo auxiliante, perficeremus, Permissiones illas et quidem singulas coram Nobis summo studio ac diligentia examinari curavimus ; neque laborem nostrum tantum sed Cardinalium quoque et Sacrae Inquisitionis Consultorum doctrinam et consilium exquisivimus ; ac tandem satis aperte compertum habemus antedictas permissiones numquam a Sancta Sede probatas, apostolicae Clementis Papae XI Constitutioni repugnare atque

Siège, qu'elles combattent et contredisent la Constitution de Clément XI, en tant que d'une part, elles admettent des cérémonies et des rites chinois proscrits par la susdite Constitution de Clément XI et qu'elles les autorisent comme approuvés et pouvant être mis en pratique, et que, d'autre part, elles sont opposées aux règles données par la même Constitution pour éviter le danger de superstition.

22. C'est pourquoi ne voulant pas que personne s'appuie sur ces permissions pour renverser malicieusement cette Constitution au très grand préjudice de la Religion chrétienne, nous définissons et déclarons que ces permissions doivent être regardées comme si elles n'avaient jamais existé, et nous condamnons absolument et avons en exécration leur pratique comme superstitieuse. C'est pourquoi, par la force de cette présente Constitution qui doit subsister à perpétuité, nous révoquons, nous rescindons, nous abrogeons toutes et chacune de ces permissions, et nous voulons qu'elles soient privées de toute vigueur et de tout effet ; et nous déclarons et prononçons qu'elles doivent être tenues pour

---

adversari, utpote quae partim ceremonias ritusque sinenses a praedicta Constitutione proscriptos admittant ac veluti probatos atque utendos concedant, partim regulis in ipsa traditis ad vitandum superstitionis periculum opponantur.

Easdem permissiones reprobat et annullat, earumque praxim damnat. — 22. Nolentes itaque quemquam ad Constitutionem ipsam summo christianae religionis damno malitiose evertendam Permissionibus ejusmodi uti, definimus ac declaramus praefatas permissiones ita esse habendas ac si nunquam extitissent, earumque praxim tamquam superstitiosam omnino damnamus et execramus. Itaque praesentis hujus nostrae Constitutionis perpetuo valiturae vi revocamus, rescindimus, abrogamus atque omni vigore et effectu vacuas esse volumus

cassées, annulées, invalides et sans aucune force
ni vigueur.

23. En outre, Clément XI, ayant mis dans sa
Constitution *Ex illa die* ces paroles : *Qu'il n'est pas
défendu de pratiquer d'autres choses envers les morts,
s'il s'en trouve qui ne soient pas superstitieuses,* nous
disons et déclarons que ces paroles *autres choses
s'il s'en trouve* doivent s'entendre d'usages et cérémonies différents de ceux que le même Pape avait
déjà interdits par sa Constitution et que Nous
pareillement par la même autorité nous proscrivons
et interdisons, pour qu'à l'avenir il n'y ait jamais
lieu à introduire les susdites permissions que nous
voulons être absolument condamnées.

24. C'est pourquoi nous défendons strictement
qu'aucun archevêque, ou évêque, ou vicaire, ou
délégué apostolique, ou missionnaire tant séculier
que régulier, de quelque Ordre, Congrégation,

---

omnes illas et singulas permissiones ; easque semper
uti cassas, irritas, invalidas et nullius prorsus roboris
aut vigoris habendas esse dicimus ac pronunciamus.

**Quaecumque a Clemente XI interdicta fuerunt
iterum expresse interdicit.** — 23. Praeterea cum
Clemens Papa XI in Constitutione *Ex illa die* appo-
suerit haec verba : *Per praemissa nihilominus non
vetari quominus erga defunctos peragi possint alia,
si quae sint, quae vere superstitiosa non sint, etc.,* Nos
dicimus et declaramus ea verba : *Alia si quae sint,*
intelligenda esse de usibus et ceremoniis diversis ab
illis quas idem Pontifex apostolica Constitutione
jam interdixerat et quas Nos pariter eadem auctoritate configimus atque interdicimus, ne antedictis
Permissionibus, quas omnino damnatas volumus,
ullus in posterum locus pateat.

**Permissionum usum omnibus prohibet. —
Constitutionem Clementis XI aliter explicari
vetat.** — 24. Districte itaque prohibemus ne quis
Archiepiscopus aut Episcopus, aut Vicarius aut

Institut qu'il soit, même de la Société de Jésus ou d'autres dont il faudrait faire une mention expresse et individuelle, puisse en aucune manière user de ces permissions, en public ou en particulier, ouvertement ou en cachette, ni qu'il ose ou présume expliquer ou interpréter autrement que nous l'avons fait ci-dessus les paroles de la Constitution citées précédemment.

Ordre, sous peine d'excommunication, d'exécuter la présente Constitution. — 25. C'est pourquoi, de l'avis des susdits cardinaux de la Sainte Église romaine, de notre propre mouvement et science certaine, après mûre délibération, de la plénitude de la puissance apostolique, par la teneur de la présente Constitution, et en vertu de la sainte obéissance, nous ordonnons et commandons expressément à tous et à chacun des Archevêques et Evêques qui sont ou qui seront à l'avenir dans l'Empire chinois, et dans les autres royaumes ou provinces limitrophes ou adjacentes, sous peine de suspense

---

Delegatus apostolicus, aut missionarius tam saecularis quam regularis, cujuscumque Ordinis, Congregationis, Instituti, etiam Societatis Jesu, aliorumque de quibus expressa et individua mentio fieri debeat, Permissionibus praedictis ullo pacto uti valeat, sive publice, sive privatim, sive palam, sive clam ; neque audeat vel praesumat Constitutionis paulo ante citata verba aliter ac Nos supra declaravimus alicui explicare aut interpretari.

Praesentium observantiam et executionem omnibus et singulis injungit atque demandat, adjectis poenis. — 25. Quare ex praedictorum Sanctae Romanae Ecclesiae Cardinalium consilio, motu quoque proprio ac certa scientia maturaque deliberatione, tum etiam de plenitudine apostolicae potestatis, Constitutionis praesentis tenore et in virtute sanctae obedientiae praecipimus et expresse mandamus omnibus et singulis Archiepiscopis et

de l'exercice des fonctions pontificales et d'interdit
de l'entrée de l'église ; à leurs Officiaux et Vicaires
généraux pour le spirituel, aux autres Ordinaires
de ces mêmes lieux, Vicaires ou Délégués apostoliques non évêques, et aux Provicaires, en outre
à tous les missionnaires tant séculiers que réguliers,
de quelque Ordre, Congrégation, Institut et Société
qu'ils soient, même de la Société de Jésus, sous
peine de privation de toutes les facultés dont ils
jouissent et de suspense de l'exercice de charges
d'âmes et des choses divines, à encourir sans nouvelle
déclaration, enfin d'excommunication *ipso facto*
dont ils ne puissent recevoir l'absolution que de
Nous ou du Pape vivant, excepté en cas de mort,
ajoutant pour les réguliers la privation de toute
voix active et passive, nous leur ordonnons et commandons strictement, non seulement d'observer
eux-mêmes tout ce qui est contenu dans notre
présente Constitution, exactement, entièrement, iné-

Episcopis in Sinarum Imperio aliisque Regnis et
Provinciis, sive finitimis sive adjacentibus nunc
existentibus aut olim pro tempore futuris, sub poenis
suspensionis a Pontificalium exercitio et ab Ecclesiae
ingressu interdicti, eorum vero Officialibus et Vicariis
in spiritualibus generalibus, aliisque eorumdem locorum Ordinariis, Vicariis quoque aut Delegatis
apostolicis qui episcopi non sunt, tum etiam eorum
Provicariis, et insuper missionariis universis tam
saecularibus quam regularibus cujuscumque Ordinis,
Congregationis, Instituti, etiam Societatis Jesu, sub
poenis privationis quarumcumque quibus gaudent
facultatum et suspensionis ab exercitio curae animarum, tum etiam suspensionis a divinis ipso facto
incurrendae absque alia declaratione, demum excommunicationis latae sententiae a qua non possint nisi
a Nobis et a Romano Pontifice pro tempore existente
absolvi, praeterquam in articulo mortis constituti,
addita quoad regulares etiam vocis activae et passivae
privationis poena, praecipimus et districte mandamus,

vitablement et inébranlablement, mais encore qu'ils mettent tout le soin et le zèle possibles à la faire observer par tous et chacun de ceux qui de quelque manière sont soumis à leur conduite et sollicitude ; et qu'ils n'osent ni n'aient la présomption de s'opposer en rien à notre Constitution sous aucune couleur, cause, occasion ou prétexte quelconque.

Peines portées contre les récalcitrants. — 26. De plus, touchant les missionnaires réguliers de quelque Ordre, Congrégation, Institut qu'ils soient, même de la Société de Jésus, si quelqu'un d'eux (ce qu'à Dieu ne plaise !) refuse une exacte, entière, absolue, inviolable et stricte obéissance aux choses qui par nous sont statuées et ordonnées, par la teneur de la présente Constitution, nous enjoignons expressément, en vertu de la sainte obéissance à leurs Supérieurs tant provinciaux que généraux, d'éloigner sans aucun retard des missions ces hommes

---

ut omnia et singula, quae in hac nostra Constitutione continentur, exacte, integre, absolute, inviolabiliter atque immobiliter non modo ipsi observent, sed etiam omni conatu ac studio ea ipsa observari curent a singulis et universis, qui quoquo modo ad eorum curam et regimen spectant ; nec colore, causa, occasione seu praetextu aliquo, huic nostrae Constitutioni ulla in parte contraire aut adversari audeant vel praesumant.

Missionarios inobedientes in Europam revocari jubet. — Comminatis poenis in superiores ordinum. — 26. Praeterea quod missionarios regulares cujuscumque Ordinis, Congregationis, Instituti ac Societatis quoque Jesu, si quis eorum (quod Deus avertat) exactam, integram, absolutam, inviolabilem strictamque obedientiam denegaverit iis quae a Nobis praesentis hujus Constitutionis tenore statuuntur ac praecipiuntur ; eorum Superioribus tam provincialibus quam generalibus, in virtute sanctae obedientiae expresse mandamus ut homines hujusmodi

contumaces et réfractaires, de les rappeler immédiatement en Europe et de nous les faire connaître afin que nous puissions les punir selon la gravité du crime. Que si les dits Supérieurs provinciaux ou généraux n'étaient pas assez obéissants à cet ordre que nous leur donnons ou y apportaient de la négligence, nous ne craindrons pas de procéder contre eux, et entre autres peines, nous les priverons à perpétuité du privilège ou de la faculté d'envoyer des sujets de l'Ordre dans les Missions de ces contrées.

Obligation d'émettre le serment de soumission à la bulle pour pouvoir exercer le ministère. — 27. Enfin, pour que notre présente Constitution demeure toujours ferme et entière dans sa vigueur, nous voulons qu'à la formule de serment prescrite par la Constitution de Clément XI, on ajoute quelques choses que nous avons jugées nécessaires. C'est pourquoi tous ceux qui, en vertu de cette Constitution, devront prêter le serment sous

---

contumaces, perditos ac refractarios a missionibus absque ulla mora dimoveant eosque in Europam statim revocent, ac de illis notitiam Nobis exhibeant ut reos pro gravitate criminis punire valeamus. Quod si praedicti Superiores provinciales aut generales huic nostro praecepto minus obtemperaverint, aut in eo desides fuerint, Nos contra ipsos quoque procedere non recusabimus, atque inter caetera mittendi aliquem ex ipsorum Ordine in earum regionum missiones privilegio seu facultate eos perpetuo privabimus.

Praescribit novam juramenti formulam. — 27. Postremo, ut haec nostra Constitutio in suo robore semper integra et firma maneat, volumus quoque ut ad formulam juramenti a Clemente Papa XI in sua Constitutione praescriptam nonnulla adjiciantur quae maxime necessaria putavimus. Idcirco omnes qui praefatae Constitutionis vigore sub poenis in

les peines portées, se serviront à l'avenir de la formule suivante :

Je N..., missionnaire envoyé à la Chine (ou destiné pour la Chine), ou le royaume N... ou la province N... par le Saint-Siège (ou par mes Supérieurs, suivant les pouvoirs que le Saint-Siège leur a accordés), obéirai pleinement et fidèlement au précepte et commandement apostolique touchant les Rites et cérémonies d· la Chine, renfermé dans la Constitution que N. S. P. le Pape Clément XI a faite sur ce sujet, où la forme du serment est prescrite, à moi parfaitement connue par la lecture que j'ai faite en entier de la même Constitution, et l'observerai exactement et inviolablement et absolument, et l'accomplirai sans aucune tergiversation, et ferai tous les efforts pour que la même obéissance lui soit rendue par les Chrétiens chinois dont j'aurai la direction spirituelle de quelque manière que ce soit. Et, en outre, autant qu'il me sera possible, je ne souffrirai jamais que les rites et cérémonies de la Chine permis par les lettres pastorales du Patriarche d'Alexandrie, données à Macao, le 4 novembre 1721, et condamnés par N. S. P.

---

ea contentis juramentum praestare debebunt, in posterum sequenti formula utentur, videlicet :

Ego N.. missionarius ad Sinas, vel ad Regnum N., vel ad Provinciam N. a Sede Apostolica vel a Superioribus meis juxta facultates eis a Sede Apostolica concessas, missus, vel destinatus, praecepto ac mandato apostolico super ritibus ac ceremoniis sinensibus in Constitutione Clementis Papae XI hac de re edita, quae praesentis juramenti formula praescripta est, contento ac mihi per integram ejusdem Constitutionis lecturam apprime noto, plene ac fideliter parebo, illudque exacte, absolute ac inviolabiliter observabo et absque ulla tergiversatione adimplebo, atque pro viribus enitar ut a christianis sinensibus, quorum spiritualem directionem quoquomodo me habere contigerit, similis obedientia eidem praestetur. Ac insuper, quantum in me est, numquam patiar ut ritus et ceremoniae sinenses in Litteris pastoralibus Patriarchae alexandrini Macai datis die 4 novembris 1721 permissae, ac a Sanctissimo Domino Nostro Benedicto PP. XIV damnatae, ab

le Pape Benoît XIV, soient réduits en pratique par ces mêmes Chrétiens. Que si, en quelque manière que ce soit (ce qu'à Dieu ne plaise !) j'y contreviens, et toutes les fois que cela arrivera, je me reconnais et me déclare sujet aux peines portées par la même Constitution. Je le promets, je le voue et je le jure de la sorte, en touchant les saints Evangiles. Ainsi Dieu me soit en aide et ces saints Evangiles.

Je, N..., de ma propre main.

Exhortation finale. — 28. Nous avons donc confiance que Jésus-Christ, le Prince des Pasteurs, bénira les travaux que Nous, son Vicaire sur la terre, avons longtemps employés à cette grave affaire, afin que la lumière de l'Evangile luise avec clarté et pureté dans ces immenses régions et que la main toute puissante donne une telle efficacité à nos pieux desseins que les pasteurs de ces mêmes contrées comprennent et soient pleinement persuadés qu'ils sont obligés d'écouter notre voix et de la suivre. Nous avons la confiance aussi que, Dieu

---

eisdem Christianis ad praxim deducantur. Si autem (quod Deus avertat) quoquomodo contravenerim, toties quoties id evenerit, poenis per praedictas Constitutiones impositis me subjectum agnosco et declaro. Ita, tactis sacrosanctis Evangeliis, promitto, voveo et juro. Sic me Deus adjuvet, et haec sancta Dei Evangelia.

Ego N., manu propria.

Apostolica exhortatio ad evangelicos operarios. — 28. Confidimus igitur fore ut Princeps Pastorum Jesus Christus laboribus a Nobis qui ejus vices in terris gerimus in hoc gravissimo negotio diu impensis benedicat, ut in amplissimis illis regionibus evangelica lux clare nitideque effulgeat, ac praepotenti manu sua sic pia nostra consilia promoveat ut regionum earumdem Pastores intelligant planeque sibi persuadeant obligationem qua ipsi tenentur vocem nostram audire et sequi. Confidimus quoque, Deo favente, ex eorum cordibus inanem illum metum

aidant, leurs cœurs seront affranchis de la vaine crainte qu'ils ont de retarder la conversion des infidèles en observant exactement les décrets pontificaux. Car il faut attendre cette conversion de la grâce divine, et cette même grâce ne peut faire défaut à leur ministère, s'ils prêchent avec intrépidité la vérité évangélique dans toute la pureté que leur a marquée le Saint-Siège ; étant prêts aussi à la soutenir par l'effusion de leur sang, à l'exemple des saints Apôtres et des autres plus fameux défenseurs de la Foi chrétienne, dont le sang répandu, bien loin d'interrompre ou de retarder la propagation de l'Evangile, n'a fait que rendre la vigne du Seigneur plus florissante et multiplier le nombre des âmes fidèles. Pour nous, nous supplierons Dieu de toutes nos forces pour qu'il leur donne cette invincible fermeté d'esprit et cette vigueur du zèle apostolique. Mais en même temps nous rappelons à leur souvenir que, lorsqu'ils sont destinés aux Missions

---

sublatum iri, ne videlicet per exactam pontificiorum decretorum observantiam infidelium conversio retardetur. Nam haec a divina gratia sperari potissimum debet : quae quidem ab eorum ministerio longe non aberit. si christianae religionis veritatem impavide praedicaverint, atque ea puritate qua ipsis ab Apostolica hac Sancta Sede tradita est, parati quoque ad eam propugnandam sanguinem effundere, exemplo sanctorum Apostolorum aliorumque christianae fidei clarissimorum propugnatorum, quorum sanguis tantum abfuit ut Evangelii cursum interciperet aut retardaret, ut potius vineam Domini florentem magis et fidelium animarum copiosiorem effecerit. Nos quidem pro viribus nostris Deum obsecrabimus ut invictam illis hanc animi firmitatem et apostolici zeli robur concedat. Verum ad eorum memoriam deducimus ut, quando ad sacras missiones destinantur, se tamquam veros Jesu Christi discipulos cogitent et ab eodem se missos fuisse, non ad otium sed ad labores, non ad honores sed ad despectiones,

sacrées, ils doivent penser qu'ils sont de vrais dis
ciples de Jésus-Christ et qu'il ne les envoie pas aux
joies temporelles, mais à de grands combats, non
pas aux honneurs, mais aux mépris, non pas à l'oisiveté, mais aux travaux, non pas au repos, mais à
dessein qu'ils portent beaucoup de fruit dans
la patience.

29. Au reste, nous voulons qu'on ajoute foi aux
copies de ces présentes lettres, même imprimées,
signées par un notaire public et munies du sceau d'une
personne constituée en dignité ecclésiastique, absolument comme on l'ajouterait à ces originaux s'ils
étaient exhibés et montrés.

30. Que nul donc n'ait la témérité d'enfreindre
ou de transgresser cette page de notre confirmation,
innovation, révocation, rescission, abolition, cassation, annulation, condamnation et ordonnance.
Si quelqu'un a la présomption de l'attenter, qu'il

---

non ad gaudia temporalia sed ad magna certamina, non
ad requiem sed ad afferendum fructum multum in
patientia.

Exemplorum auctoritas. — 29. Volumus autem
ut earumdem praesentium transumptis, etiam impressis, manu alicujus Notarii publici subscriptis
et sigillo personae in dignitate ecclesiastica constitutae
munitis, eadem fides prorsus adhibeatur quae ipsis
originalibus Litteris adhiberetur, si forent exhibitae
vel ostensae.

Sanctio constitutionis. Dat. die 11 julii 1742. —
30. Nulli ergo hominum liceat hanc paginam nostrae
confirmationis, innovationis, revocationis, rescissionis,
abolitionis, cassationis, annullationis, damnationis
ac ordinationis infringere vel ei ausu temerario contraire. Si quis autem hoc attentare praesumpserit,
indignationem omnipotentis Dei ac Beatorum Petri
et Pauli Apostolorum ejus se noverit incursurum.

sache qu'il encourra l'indignation du Dieu tout-puissant et des bienheureux Apôtres Pierre et Paul.

Donné à Rome, à Sainte-Marie-Majeure, le 5 des ides (11) de juillet, l'an 1742 de l'Incarnation du Seigneur, et la 2e année de notre Pontifical.

D. Cardinal PASSIONEI.

Datum Romae apud Sanctam Mariam Majorem, quinto Idus Julii, Anno Incarnationis Dominicae millesimo septingentesimo quadragesimo secundo, pontificatus Nostri anno II.

P. *Card. pro-datarius :*
D. *Card.* PASSIONEUS.

Visa de curia :
N. ANTONELLUS.

J. B. EUGENIUS.

Loco Plumbi.

Registrata in Secretaria Brevium. Publicat. die 9 augusti ejusdem anni.

APPENDICE

La vérité	La vérité
d'après le P. BRUCKER	d'après BENOIT XIV

sur les Rites chinois

TEXTES	TEXTES
DU	DU
P. JOSEPH BRUCKER	PAPE BENOIT XIV

Le P. Ricci a résolu le grand problème d'amener l'orgueil des disciples de Confucius à se courber sous le joug de la loi évangélique, sans leur accorder aucune diminution, aucune altération de celle-ci. (*La Compagnie de Jésus.* n° 100).	Certains tertiaires de la Compagnie ont plus de jugement que les profès. Peu leur importent Confucius ou les permissions de Mgr Mezzabarba. Mais les autres luttent pour Confucius comme s'il était un fondateur de leur Compagnie... (Lettre du Pape au Cardinal de Tencin).
Dès qu'on fit des chrétiens chinois, il fallut donc prendre un parti sur le point de savoir s'ils pourraient continuer à pratiquer les rites nationaux. La réponse dépen-	On n'y fait pas de chrétiens (en Chine), ou bien l'on y fait des chrétiens d'une sorte qui n'est pas la bonne, car elle ne répond pas du tout à la façon dont les Saints

dait de la solution qu'on donnerait à cette question : les rites étaient-ils des actes religieux et impliquaient-ils superstition ? » Ricci étudia longtemps cette question... Il en vint à la conviction que les rites n'avaient pas de signification religieuse (1). (*La Compagnie de Jésus n° 100*).

Ricci s'était convaincu par l'étude de leurs livres que ce que les anciens sages chinois disaient de l'Etre suprême qu'ils appelaient *Tien* «Ciel» et *Chang - Ti*, «Souverain Seigneur», s'appliquait entièrement au vrai Dieu

...En général, les missionnaires Jésuites ont suivi sur ce point Ricci, comme tous l'ont fait dans la question des rites,

Apôtres convertirent le monde. eux qui préchèrent la parole divine pure et simple, et non sous le couvert d'intentions occultes et de restrictions mentales.' (Lettre au roi de Portugal, du 15 juin 1741).

Comme en Chine on ne peut pas sign ier d'une manière convenable le Dieu très bon et très grand par les noms qu'on lui donne en Europe, il faut se servir, pour exprimer le vrai Dieu, du mot *Tien Tchou* qui veut dire « le Seigneur du ciel», mais il faut rejeter absolument les noms *Tien*, «Ciel», et *Kang-Ti*, «Souverain empereur». (*Bulle*

---

(1) *Devant Ricci se posait une grave question*) : la question des coutumes nationales ou, pour employer le terme consacré, des *rites*... Le Père Ricci a bien compris l'importance qu'ont ces cérémonies pour les Chinois. Consacrées par l'usage immémorial, elles leur apparaissent en quelque sorte comme inséparables de leur nationalité. (*La C. de J.*, n° 100).

'. Lambertini écrivit (*avant son pontificat, sur cette question des rites*), d'assez longs rapports d'où ressortait principalement ceci : qu'il s'étonnait surtout de voir qu'on ne s'était pas avisé, la plupart du temps, combien il y avait de différence entre ces coutumes nationales et les dogmes de la religion . *quantum inter habitum nationis et symbola religionis interesset*. (*Vie du Pape Benoît XIV, par Flaminio Scarselli*).

jusqu'à ce que le Saint Siège leur prescrivit une conduite différente. (*La Compagnie de Jésus*, n° 100).

L'interprétation du P. Ricci et de la presque totalité de ses successeurs au XVIIe siècle, pour *Tien* et *Chang-Ti*, reste parfaitement légitime et soutenable, si l'on s'en rapporte à des sinologues de premier ordre, tels que... (*Dict. de théol. cath.*, art. CHINOIS (*Rites*), Tom. II, col. 2366).

C'est encore le fondateur de la mission qui, sur ce point (du culte de Confucius et des morts), comme pour le choix des noms de Dieu, montra la voie que suivirent après lui, non sans contrôle réitéré, ses confrères jésuites, presque sans exception, et plusieurs autres missionnaires avec eux. Aux yeux du P. Ricci, non seulement les démonstrations de respect, comme saluts, prosternements, mais encore les encensements, les oblations de victuailles qui se faisaient devant les tablettes portant les noms des ancêtres n'étaient destinés qu'à traduire, sous forme sensible, suivant les idées chinoises, l'amour et la

Ex illa die *de Clément XI, confirmée par Benoît XIV*).

3°. — Il ne peut en aucune façon, ni pour quelque cause que ce soit, être permis aux chrétiens de présider, de servir en qualité de ministres, ni d'assister aux sacrifices solennels ou oblations qui ont coutume de se faire à Confucius et aux ancêtres, à chaque équinoxe de l'année, vu qu'ils sont imbus de superstition...

5°. — Il ne faut pas permettre aux chrétiens de faire les oblations moins solennelles à leurs ancêtres, dans les temples ou édifices qui leur sont dédiés...

6°. — On ne doit pas non plus permettre aux chrétiens de pratiquer ces sortes d'oblations, de cultes et de cérémonies en reconnaissance des descendants. (*D. de T. c.*, col. 2368).

Nous verrons que les rites chinois, avec les réserves indiquées, ont été, d'abord, en 1656, jugés tolérables par le Saint Siège ; puis, cinquante ans plus tard, prohibés et condamnés, parce que, « vu la manière dont ils sont pratiqués », la superstition en est inséparable. Nous ne saurions dire, si la pratique permise par Ricci personnellement — et celle que le Pape Alexandre VII a approuvée — échappent à cette condamnation, motivée peut-être *par des circonstances de fait qui n'étaient plus les mêmes* au XVIIIe siècle que cinquante ou cent ans auparavant.... (*La C. de J.*, n° 100).

présence des tablettes des ancêtres, dans les maisons particulières et à leurs tombeaux, ni avant que d'enterrer les morts...

A quoi il faut ajouter qu'après avoir pesé de part et d'autre et examiné avec soin et maturité tout ce qui se passe dans ces cérémonies, on a trouvé qu'elles se font de manière qu'on ne peut les séparer de la superstition. (*Bulle* Ex illa die).

Nous donc, voyant que cette Constitution (*Ex illa die*) regarde la pureté du culte chrétien, qu'elle a pour but de le conserver exempt de toute tache de superstition, nous ne pouvons tolérer en aucune manière qu'il se trouve quelqu'un qui ose lui résister ou la mépriser, comme si elle ne renfermait pas une suprême décision du Siège apostolique et que la matière qu'elle traite ne regardât pas la religion, mais une chose indifférente en elle-même ou *un point de discipline variable*. C'est pourquoi voulant faire usage de l'autorité à Nous confiée par le Dieu tout puissant... non seulement nous l'approuvons et confirmons, mais encore, autant que nous le pouvons,

(HISTORIQUE DE LA QUERELLE, d'après le P. Brucker. Résumé. — La Propagande est d'abord induite en erreur, sous Urbain VIII, par des religieux nouveaux venus et ignorants. Le P. Martini, S. J. réussit à faire entendre raison au Saint-Office en 1656, sous Alexandre VII. Le même Saint-Office maintient enfin, pour se tirer d'embarras, ces deux décrets contradictoires en vigueur. Ce qui est une occasion pour Brucker de discréditer l'inconstance ou l'incompétence romaine en lui faisant endosser la responsabilité des pires manœuvres de la Compagnie. Les adversaires sont d'ailleurs en voie de s'entendre directement entre eux quand le bouillant Navarrete a le mauvais goût de mêler à nouveau Rome à ces affaires. Maigrol achève de gâter les choses en provoquant une décision. Quant aux Jésuites qui refusèrent alors de faire

nous y ajoutons toute vigueur... et nous affirmons et déclarons qu'elle a en elle-même la pleine et absolue autorité d'une Constitution apostolique. (*Bulle Ex quo singulari*, nº 12).

Tout cela (les diverses décisions prises par Clément XI) aurait dû suffire abondamment pour arracher jusqu'à la racine la zizanie... vu que... nous avions prononcé clairement et distinctement que la cause était finie. Mais.. la plupart éludent... ou retardent... l'exécution... sous les faux et vains prétextes que nous les avions suspendues (nos décisions), ou qu'elles n'avaient pas été assez authentiquement publiées ou qu'on y avait inséré, ainsi qu'on l'assure très injustement, des conditions qui, avant l'exécution du décret, devaient être vérifiées, ou que les faits sur lesquels on a décidé n'avaient pas été rendus certains, ou que l'on prétendait que nous devions encore donner d'autres déclarations plus étendues, ou qu'il y avait sujet de craindre de grands maux pour les missionnaires et la mission même, si les ordres

écho aux périlleuses solutions pontificales...)

Ils avaient pour se taire des raisons encore plus graves (*que le souci de leur réputation*). Dans cette affaire était engagé l'avenir de toute la mission : les missionnaires de Chine croyaient avoir la certitude morale, et la suite l'a prouvé, ils ne s'exagéraient rien, que si l'on obligeait les néophytes à s'abstenir des rites nationaux jusque là permis, un très grand nombre d'entre eux n'auraient pas le courage d'affronter les conséquences de l'abstention... (*La C. de J.*, n° 213-214).

Cette constitution (*Ex illa die*), qui parvint en Chine en 1716, ne rencontra point de rebelles parmi les missionnaires (n° 215).

Un acte si solennel, avec des sanctions si rigoureuses, ne pouvait rencontrer aucune résistance chez les missionnaires...

du Saint-Siège étaient exécutés, ou enfin sous prétexte du décret qui avait été donné dès le 23 mars 1656, sur les mêmes cultes et les mêmes cérémonies de Chine, et qui avait été approuvé par Alexandre VIII, d'illustre mémoire, l'un de nos prédécesseurs. (*Bulle* Ex illa die).

Nous avons confiance aussi que Dieu aidant, leurs cœurs (aux récalcitrants) seront affranchis de la vaine crainte qu'ils ont de retarder la conversion des infidèles en observant exactement les décrets pontificaux. Car il faut attendre cette conversion de la grâce divine, et cette même grâce ne peut faire défaut à leur ministère, s'ils prêchent avec intrépidité la vérité évangélique dans toute la pureté que leur a marquée le Saint Siège. (*Bulle* Ex quo singulari, n° 28).

Clément XI ayant publié d'une manière si solennelle cette Constitution apostolique... il paraissait juste et raisonnable que ceux qui font profession d'un souverain respect pour l'autorité du Saint Siège, se conformassent entière-

Tous les missionnaires sans exception, prêtèrent le serment imposé, et, en somme, ceux qui, jusque là, avaient cru licites les cérémonies défendues, firent tout ce qui était humainement possible pour en détacher leurs chrétiens. (*Dict. de Th. cat.*, col. 2383).

ment à son jugement, avec un esprit humble et soumis, et n'eussent plus à chercher des chicanes. Néanmoins des hommes désobéissants et artificieux... (*Bulle* Ex quo, n° 11).

Les légations de Tournon et de Mezzabarba ont donné l'occasion d'inculper gravement les Jésuites de Chine... Portées à Rome par des informateurs paraissant plus dignes de foi qu'ils ne l'étaient en réalité, ces imputations y ont été crues un certain temps... Heureusement le P. Tamburini n'eut qu'à puiser dans les archives de sa correspondance pour opposer des réponses décisives à tous les griefs, (*La C. de J.*, n° 216).

Nous ne voulons pas justifier les missionnaires dont parle ici Clément XI qui ont continué, après les décrets de 1704 et de 1710, à permettre les rites prohibés, en essayant de se couvrir des raisons que le pape indique et rejette. L'équité oblige néanmoins à leur accorder des circonstances très

Le Patriarche d'Antioche (*C. T. de Tournon*) publia la décision apostolique... Ceux qui soutenaient les rites chinois comme politiques et purement civils essayèrent d'éluder ces décisions et ces ordres et de s'y soustraire en alléguant diverses raisons futiles, (Bulle *Ex quo*, n° 7).

(*La Bulle Ex quo singulari*) se réduit à cette constatation qu'on a peu obéi dans le passé... Cependant, avec insolence, les Jésuites auraient voulu qu'il n'en fût pas parlé. (*Lettre de Benoît XIV au Card. de Tencin*, 6 octobre 1742). Ils ne sauraient prétendre pourtant que les Papes, pour ne pas leur déplaire, réduisissent la Chaire de vérité à n'être plus qu'une chaire de dissimulation. (*Lettre de Benoît XIV au chanoine Peggi*, 17 octobre 1744).

atténuantes... Qu'ils se soient trop facilement contentés, pour ce faire, d'arguments sans valeur, on doit le croire, puisque Clément XI l'affirme ; mais ils ne seront point blâmés le plus sévèrement par ceux qui ont le plus au cœur l'amour des âmes. (*Dict. de Th. cat.*, col. 2381).

Que nul n'ait la témérité de transgresser cette page... Si quelqu'un a la présomption de l'attenter, qu'il sache qu'il encourra l'indignation du Dieu tout puissant et des bienheureux Apôtres Pierre et Paul. (*Bulle EX QUO SINGULARI*, n° 30).

DOCUMENTS

———

Voici le texte des lettres de Benoît XIV dont nous avons donné la traduction :

I. — LETTRES AU ROI DE PORTUGAL

Al Re di Portogallo (1). Benedictus etc. Charissime in Christo Fili noster. Ben volontieri e con nostro sommo giubilo diamo con questa lettera, scritta di nostro punto, parte a Vra Mta, di avere nel prossimo passato Concistoro, tenuto lunedi, proposte la maggior parte delle Chiese da tanto tempo vacanti ne' suoi Regni, essendo disposti a far la proposizione delle altre nel primo Concistoro, che terrassi dopo le feste del Santo Natale, che le auguriamo felicissime piene di tutte le prosperità spirituali e temporali. Due sono stati i fondamenti della nostra divisata allegrezza, uno di aver finalmente dati i Pastori alle Diocesi punto troppo importante, e che a S. Pietro Apostolo ed in esso a tutti i suoi successori, fra quali Noi, benchè senza verun nostro merito, fu ingiunto nelle celebri parole, dette a lui da Gesù Cristo : Pasce oves meas. L'altro è stato quello, di aver potuto fare il predetto passo nella maniera e forma desiderata da Vra Mta, le di cui soddisfazioni abbiamo desiderato e sempre desideriamo d'incontrare, per la stima ben distinta, che faciamo della Sua Persona, e per l'affetto Paterno tenerissimo, con cui l'amiamo. Fra le chiese

———

(1) Archiv. Vatic. Segr. Arm. IV. Princip. N° 270 (Registr.).

o siamo Vescovadi proposti, Vra Mta sappia, che abbiamo ancora proposta quella di Pekino per il Padre Polycarpo Sosa della Compagnia di Gesù, presentato da lei. A questo passo, potiamo dirle con ogni ingenuità. ch' erano contrarj una buona parte de' Cardinali della Congregazione del Sant' Offizio, e della Congregazione di Propaganda Fide. non perchè siavi mai stato veruno, che abbia avuto menoma difficoltà in ordine al di lui costume. e la di lui abilità ; non perchè siasi di veruno preteso di fare una regola generale esclusiva di tutti i Padri della Compagnia dall esser Vescovi ; non perchè siavi mai stato veruno, che non sia stato concorde con Noi nel desiderio di compiacere la Mta Vra, ma per altri dispariti motivi, che sono i seguenti : Alcuni de' buoni Padri, particolarmente Portoghesi. della Compagnia, che è da Noi veramente stimata ed amata. come ne posson' esser buon testimonj i Superiori Generali della medesima che si trattano, e ci anno trattato nel lungo corso di 40 anni d'impieghi avuti in Roma. si fanno gloria ed impegno di non ubbidire ai Decreti Apostolici, alla bolla abolitiva de' Riti Cinesi della Santa Memoria di Clemente XI e con varie poco sussistenti interpretazioni vanno imbrogliando la materia, collo specioso pretesto di facilitare la conversione. degl' Infideli. Quando. dando una semplice occhiata alla lettera, scritta dal loro Fondatore Sant' Ignazio ai suoi Religiosi, che aveva nel regno di Portogallo, potrebbero facilmente cognoscere l'obbligo indispensabile, che anno di prontamente ubbidire ai Decreti e Bolle Pontificie ; quando nell' atto d'assumere la Missione anno giurato di eseguire e Decreti e Bolle, delle quali oggi si tratta ; quando lo sciorre i dubbj eccitati sopra le medesime. e la loro interpretazione appartiene privativamente alla Santa Sede, e non ad altri ; quando finalmente non vi può essere facilitazione per convertire gl'Infedeli, che quella, che dipende dai decreti, Canoni e Bolle del Romano Pontefice. che è Giudice infallibile dei punti di Fede. Chi dicesse a Vra Mta, che il Padre Polycarpo non è stato, ne è il più ubbidiente, non le direbbe certamente cosa, che non fosse vera. perloche, se qualcheduno non era totalmente propenso a verderlo Vescovo di Pekino, non aveva tutto il torto, tanto più, essendovi i Decreti della Santa Memoria di Clemente XI manifestati alla Congregazione di Propaganda di Fede, di non voler amettere presentazioni de' Padri della Compagnia alle Chiese di Pekino e Nankino, avendo quel santo Pontefice ben conosciuto, che essi invece di promovere l'osservanza de' suoi Decreti e della sua Bolla, giusta il tenore del loro giuramento, si facevano cavillatori di essi ed oppositori all'essecuzione. Noi però in riguardo specialissimo della presentazione fatta del Padre Polycarpo Gesuita alla Chiesa di Pekino da Vra Mta, dopo lunga e matura considerazione, l'abbiamo accetata, superando ogni rimorso di coscienza sulla fiducia della Sua valida assistenza. Ella deve esser annoverata senza dubbio fra i Rè veramente Cattolici, veramente Pii e veramente attaccati all' onore di Dio ed alla Santa Apostolica Sede, e però, quanto sappiamo e potiamo la preghiamo a far si, che non meno il Padre Polycarpo, che gli altri Padri Gesuiti Portoghesi, o per qualunque altro titolo suoi dipendenti, che in qualsi voglia modo non ubbidiscono ai Decreti Apostolici ed alla Costituzione della S. M. di Clemente XI, prestino finalmente la dovuta ubbidienza, e per l'obbligo, che ne anno, e per il giuramento dato, come si è detto, quando accettarono il peso della Missione, e siano preparati a far lo stesso in ordine ai Decreti, Costituzioni e Bolle, che col tratto del tempo possono esser fatte o da Noi o da Nostri Successori. La santa Religione, i Dogmi di fede, l'ecclesiastica disciplina riconoscono la loro origine e sussistenza da questa Santa Sede, ma le braccia per l'excuzione e per essigere l'ubbidienza sono i Principi Cattolici. Rifletta di grazia Vra Mta a tanti esempj, che sono nella storia Ecclesiastica, a tanti altri particolari esempj; che ritroverà fra le gesta de' gloriosissimi suoi Rè Antecessori, quali si sono sempre gloriati di assistere colla loro autorità alle determinazioni Pontificie, e facilmente riconoscerà, che la nostra dimanda è giusta, e che l'ajuto, che imploriamo non è nuovo o pellegrino... Per non esser rei al cospetto del grand Iddio, col pieno consiglio ed approvazione de' Cardinali da Noi interrogati, scriviamo un Breve al Padre Polycarpo, in cui, in virtù di Santa Ubbidienza, promessa e dovuta a Noi, gli comandiamo il dare un giuramento prima della sua Consegrazione, in cui di nuovo si obblighi alla esatta osservanza dei Decreti, e Bolle emanate, e dell' altre, che da Noi o dai Nostri Successori saranno fatte e pubblicate. Tale è la confidenza, che abbiamo in Vra Mta, che a lei stessa mandiamo il Breve, acciò faccia la gracia di farlo di farlo sicuramente recapitare ed eseguire...

Romæ apud S. Mariam Majorem die 24 Dec. 1740.

***

Charissimo in Christo filio Nostro Joanni Portugalliæ et Algarbiorum Regi Illustri Benedictus XIV... (1). Benche la lettera di Vra Mta dei 4 di Febr. dell' anno corrente sia risponsiva ad un altra nostra scrittale nel giorno 24 di Dicembre dell' anno passato, non possiamo però astenerci dall incommodare la Mta Vra con questa nostra replica, che non ha altro fine, che renderle distinte grazie della singolari bontà, che ha verso di Noi e della generosa promessa di assistere colla sua potente protezione alle Apostoliche determinazioni prese da Nostri Predecessori, ed a quelle, che dopo aver ben veduta ed esaminata la materia, ed aver invocato con tutto il cuore lo Spirito Santo, saranno col tratto del tempo prese da Noi, per ben regolare l'incremento della Nostra Santa Cattolica Religione nel vasto Impero della Cina. Iddio ci sia buon testimonio, Noi non siamo di verun Partito. Amiamo i Padri Domenicani, ma condanniamo la condotta di alcuni di loro, che nella Francia e nella Fiandra sono Refrattarj alle Ponteficie Costituzioni contro gli errori di Giansenio e di Quesnello. Quanto sia il nostro affetto verso i Patri della Compagnia di Gesù, non chiediamo testimonianza da altri, che da quelli di loro, che pure non sono pochi, e che sono ben informati, di quanto abbiamo fatto in beneficio di tutta la Compagnia, quando nello spazio di 40 anni abbiamo ne' principali Impieghi della Corte prestato il nostro servizio a trè Sommi Pontefici, e quando in qualità di Arcivescovo per lo spazio di 10 anni

---

(1) Archiv. Vat. Segr. Arm. IV, Princ. N° 270.

abbiamo governato la Chiesa Arcivescovile della Nostra Patria di Bologna ; ma l'avere ogni giorno riscontri dell' alienazione di alcuni di loro dalla dovuta ubbidienza alle Costituzioni di Clemente XI sopra i Riti della Cina e di Clemente XII sopra i Riti del Madurè, ed il vedere, che fra loro non manca chi. convinto di questa verità, si stringe nelle spalle, e piange la ritrosia de' suoi Compagni, è una cosa, che ci passa l'Anima, e che ci fa sospettare, procedere da ciò il poco buon esito di quelle Missioni, ed ivi non farsi Cristiani, o farsi Cristiani in un modo, che non è buono, che, avegnache non coerente al modo. con cui i Santi Apostoli couvertirono tutto il Mondo. avendolo convertito colla Predica della parola divina netta, e semplice, e non coperta col raggiro di occulte intenzioni e di mentali restrizzioni.

Per domare la condotta di alcuni de' predetti Domenicani siamo ricorsi e ricorriamo continuamente alla Mta del Re Cristianissimo e ad altri Principi del secolo. Acciò ben si pianti il Vesillo della Fede e trionfi la Croce di Cristo nella Cina e ne' Regni del Madurè siamo ricorsi e ricoriamo alla Mta Vra, nè abbiamo mai implorato. ne mai imploreremo la Sua Sovrana Assistenza, che per proteggere e beneficare i Padri della Compagnia, quando siano ubbidienti ai Decreti Apostolici, e per dare il braccio e l'ajuto contro quelli, che siano apertamente disubbidienti, e solo in apparenza ubbidienti...

Castel Gandulfi, 15 Giugnio 1741.

*
* *

Si degnerà Vra Mta (1) aver presente, che, tempofà, l'avvisassimo delle note permissioni del fu Msgre Mezzabarba, facendole in oltre la confidenza, che eravamo determinati di condannarle, implorando la di lei autorità, acciò l'apostolica determinazione avesse il suo effetto nella Missione della Cina. Degnossi V. M. di gradire la parte, e non lasciò di scriverci una lettera, nella quale si esponeva la rotta intensione

---

(1) Archiv. Vat. Segr. Misc., Bolognetti, n° 304.

dei Padri della Compagnia di Gesù nel sostenere le Permissioni, la differenza, che correva tra la Chiesa nascente e la Chiesa adulta, e finalmente l'impegno di mantenere il fatto d'un legato Apostolico, che era già stato prima autenticato dalla S. Santità di Clemente XI.

Chiamiamo Dio in testimonio della nuova indefesa attenzione, adoperata da Noi sopra l'affare, dopo che leggemmo la di lei lettera, delle nuove consulte fatte, delle nuove orazioni fatte, e fatte fare, per essere ispirati dal grand Iddio di questo dovevamo fare : ma finalmente convinti dal nostro modo d'intendere, che la Costituzione di Clemente XI era sacrosanta, che le permissioni del Patriarca tiravano o a enervarla o a distruggerla, che il medesimo Patriarca o aveva ecceduto i limiti delle sue Commissioni, o che le sue determinazioni erano state dilatate, o poste in diverso aspetto da quelle, in quelle, in cui le voleva, da chi in seguela di esse pretendeva di redurre al nulla la Costituzione di Clemente XI. Mossi altresì unicamente, e Dio ne sia in testimonio, dallo zelo della purità della religione, agitati dà interna sinderesi, che rappresentandoci la nostra morte, ce la faceva vedere piena d'orrore, lasciando sul Tavogliero indeciso un punto troppo grave, il di cui esame fu intrapeso dal nostro Antecessore. Ci siamo risoluti di pubblicare una nuova Costituzione confermatoria dell' altra di Clemente XI e riprovatoria delle permissioni del più volte nominato Patriarca Mezzabarba. Questa è stata da Noi consegnata al Commendatore Sampajo, acciò la trasmette à V. M. In essa non si fa fare ai Padri della Compagnia la figura de' Oppositori, ma si parla in genere di Missionarj ; e de' predetti Padri unicamente si parla nella deroga ai privilegj, perchè in vigore dei medesimi, se non sono nominati, non sono compresi. In essa si tralasciano l'espressioni più forti, che in tante occasioni si sarebbero potuto adoperare. In essa non s'impone in caso di disubbidienza il sospendere di vestire i Novizj, come altre volte si è praticato, ma unicamente si dice, di richiamarli dalla Missione, quando ricusino di ubbidire agli ordini del Vicario di Cristo, facilità usate ben volentieri da Noi, e per l'affetto, che abbiamo alla Compagnia, e per il grande onore ch'essa gode della di lei protezzione.

Finisce questa nostra lettera, ormai troppo lunga, col ricorre a V. M., pregandola, questo possiamo e sappiamo, acciò la Costituzione abbia la sua excuzione nell' Impero della Cina e appresso i nostri Missionarj. Sappiamo, che ella lo può fare. Speriamo, che lo farà, e facendolo pioveranno sopra la di lei degna persona, e sopra i suoi felicissimi regni le grazie celesti...

Dat.ʳ Romæ apud S. Mariam Majorem,
die 11 Augusti 1742.

II. — LETTRES AU CARDINAL DE TENCIN

A quest' ora (1), ella avrà avuta la nuova della Causa della Cina. Coram Deo non si poteva più aspettare, ne Noi abbiamo voluto aspettare l'ora del Capezzale, per doverci pensire di non aver fatto per il vero Culto di Dio e per l'esclusione d'ogni superstizione, quanto doveva farsi. In caso d'innobbedienza non si è imposta la sospensione dal vestire come fece Innocenzo XIII, uomo savio e discreto, ma si è imposta la pena, o per meglio dire si è levato il peso di non far la Missione. Iddio sa, se i Terziarj (2) saranno contenti. Dei veri Professi non si parla, perche si lamentano, quando ogni cosa non si fa a modo loro.

---

(1) Arch. Vat. Segr. Miscell., Arm. XV, 154. Lettre du 17 août 1742.

(2) *A propos des Tertiaires, on trouve dans la même correspondance, quelques allusions curieuses :*

Vi sono alcuni Terziarj della Compagnia, che anno più giudizio de' Professi ; a quelli poco importano o Confucio o le Permissioni di Msgr Mezzabarba ; questi combattono per Confucio, come se fosse stato fondatore della loro Compagnia, e per le permissioni di Msgr Mezzabarba, come se contenessero la scienza media o la grazia efficace ab extrinseco.

...del fù P. Tamburini, Generale della Compagnia di Gesù, nelle di cui mani, tant' anni sono, ella (le cardinal de Tencin) fece la Professione di Terziaro, e quando non sia

⁎

Venendo alla Nostra Costituzione sopra i Riti Cinesi (1), abbiamo creduto di doverla pubblicare una volta, perche troppo ci premeva, e sempre ci premerà il primo articolo del Decalogo, a cui è opposta la supertizione de' medesimi. Si è detto quello, che ci doveva contro chi con tante tergiversazioni ha mai sempre ricusato d'obbedire, e se i Padri Gesuiti della Francia non hanno questa taccia, d'essi non si è parlato; anzi di più, se nella Cina non v'è verun Padre della Compagnia, che sia mai stato, o sia disobbediente, nemmeno si è parlato de' Gesuiti della Cina; ma il punto non consiste qui, consiste, che non si è obbedito per lo passato, e forse oggi vi è anche poco genio d'obbedire, ma per prepotenza si sarebbe voluto, che ne si fosse parlato ne si fosse mai pensato di parlare, e questo poi in verità è troppo, ed è un troppo, che dispiace a Dio, ed agli Uomini, che devono, quanto possono, cercare la gloria di Dio. Se i Gesuiti sono le nostre Truppe in Francia, Noi non abbiamo lasciato, ne mai lascieremo di lodarli. Quando anche ne' nostri Ministeri exercitati in Roma, o quando eravamo Arcivescovo di Bologna o nel tempo del nostro Pontificato ci è veruna occasione di giovare o ai particolari, o alla Religione in universale, non abbiamo lasciato, ne lascieremo di farlo, e quanto al futuro Iddio ce ne somministri il modo, perche circa il passato ne sono Testimonj tutti i Padri d'Italia; ma da questi Principj non ne può venire una conseguenza, che se qualche drappello d'un Corpo cosi numeroso e rispettabile esce di strada, e tira calci, non si abbia da adoprare la frusta...

---

stato nelle sue mani, sara stato in quelle del Provinciale, come suo Procuratore e Mandatario, non potendosi ricevere simili illustri Terziarj, se non colla Professione da farsi o a dirittura nelle mani del Generale o nelle mani del Provinciale de expresso Patris generalis mandato...

Si tocca con mano che la Compagnia di Gesù non ha in Roma che il Generale Tedesco, e che manca il Francese Generale de' Terziarj.

(1) Lettre du 6 octobre 1742.

III. — LETTRE AU CHANOINE PEGGI

Quando il nostro Canonico Peggi non abbia per altra strada avuta l'annessa nostra ultima Costituzione, non gli dovrebbe esser discara l'annessa stampa che gli mandiamo. Qui è stata gradita, essendosi con essa tirato a finire uno de' maggiori imbarazzi, che per lo spazio di quaranta e più anni abbia avuto questa Santa Sede, e ciò con creanza e carità.

Mostrano i P. P. della Compagnia almeno esteriormente di non esser malcontenti : ma quando interiormente lo fossero, avrebbero tutti i torti, non dovendo poi pretendere, che i Papi, per non dispiacerli, riduchino (*sic*) la Cattedra della verità a Cattedra di dissimulazione nelle materie più importanti. Ci conservi la sua buona amicizia, restando col dargli l'Apostolica Benedizione. ROMA, 17 ottobre 1744 (1).

---

(1) Lettere di Benedetto XIV al canonico Pier Francesco Peggi bolognese, *di Francesco Saverio* KRAUS, 2e *édit., Fribourg-en-Brisgau, Mohr édit., n° 24, page 20. — On trouve dans ce même volume un extrait d'une vie de Benoit XIV, par Scarselli, où on lit, page 245 :*

Quibus sermonibus permotus Clemens (undecimus) Lambertinum accersit. quæ in disceptationem. quæstionemque vocarentur, significat, mandat, ut rem totam primo quoque tempore per sacræ Inquisitionis Collegium transigendum curet. venisse tempus, aiebat. non iam ut Romanæ reipublicæ vel commoda vel ornamenta. quod antea sæpe fecerat; sed ut omnia Pontificum iura salutemque totius religionis uno iudicio defenderent. Lambertinus re suscepta sermones de ea conscripsit bene longos, in quibus illud erat præcipuum : mirari se. quod plerique non satis animadverterent, quantum inter habitum nationis et symbola religionis interesset.

ERRATA

Page 8, ligne 5, et page 33, ligne 13, au lieu de
Saint-Jérôme, lire *Saint-Jean de Jérusalem*.

90.331. — Imp. de la Bourse du Commerce; 35, r. J.-J. Rousseau, Paris
E. Fozat, Imprimeur.